I0512054

www.ingramcontent.com/pod-product-compliance
Lightning Source LLC
Chambersburg PA
CBHW070151230526
45471CB00002B/613
9781985330962

المفاهيم والمصطلحات الأساسية في علم الإدارة

Basic Management Concepts and Terms

النـور فضل النور
Alnoor F Alnoor
MBA, BA, F.Inst.A.M (Adv.Dip); C.Dip.A.F

تمهيد

تم إصدار نسخة موسعة عن هذا الكتاب لأول مرة في عام 2009 باللغة الإنجليزية تحت مسمى أسلوب النطاق: نهج مبتكر للكتابة في مجال الأعمال The Ambit Technique: An Innovative Approach to Business Writing. كان الكتاب موجّها لطلبة إدارة الأعمال وفئة المهنيين على حد سواء. وسوف تصدر نسخة جديدة ومعدلة بعنوان How to Write an Essay (كيف تتكتبون مقالاً) إلا أني تلقيت مقترحات بإصدار نسخة موجزة تركز على شرح المفاهيم والمصطلحات الأساسية بعلم الإدارة باللغتين العربية والانجليزية، وذلك لمساعدة الطلاب العرب الذين يدرسون إدارة الأعمال باللغة الإنجليزية أو يعملون في مؤسسات تتعامل باللغة الإنجليزية، وتجسير انتقالهم من التعامل باللغة العربية الى التعامل باللغة الانجليزية. ونسبة لأهمية الكتابة باللغة الإنجليزية بالنسبة لهذه الفئة، سواء في مجال العمل أو في بيئة الامتحانات، فقد أبقيت على الأقسام التي تتناول هذه المواضيع لتعزيز الاستفادة من خلال تقديم هذه المواضيع بأسلوب مبتكر يساعد طلبة إدارة الأعمال على إجابة أسئلة الامتحانات من نوع المقالات علاوة على الأوراق البحثية الجامعية، ومساعدة المهنيين في مجال إدارة الأعمال على كتابة التقارير والمقترحات وغير ذلك من المواد المكتوبة في أماكن العمل، وذلك بشكل أفضل.

يمكن للطلبة والطالبات والممارسين، بعد أن يلموا بهذه المصطلحات والمفاهيم، أن يقرأوا النسخة الموسعة باللغة الإنجليزية، المذكورة أعلاه، لتعزيز مقدراتهم واستكمال عملية التجسير ما بين اللغتين.

النور فضل النور

المحتويات

تمهيد	I
مقدمة	V
الجزء الأول مفاهيم إدارية أساسية	1
الفصل الأول نموذج الإدارة	3
مفتاح نموذج الإدارة	6
الفصل الثاني مفاهيم وأساليب إدارية أخرى	8
الفصل الثالث عملية الاتصال	10
الفصل الرابع الأسئلة الستة والتبعات	14
الجزء الثاني الكتابة في مجال الأعمال وأسئلة الامتحانات	17
الفصل الأول نظريات الكتابة في مجال الأعمال	19
الفصل الثاني تحديات الأسئلة المفتوحة وكتابة المقالات	21
الفصل الثالث البحوث الأساسية	23
الفصل الرابع أسلوب التعامل مع الامتحانات	26
الفصل الخامس الكلمات الرئيسية	28
الفصل السادس الأفعال التي تستدعي اتخاذ إجراء	33
الفصل السابع استخدام أسلوب النطاق	34
الجزء الثالث القاموس العملي لإدارة الأعمال	39
مقدمة	41
كيفية استخدام القاموس العملي	42
القاموس العملي	43
الجزء الرابع أسئلة الامتحانات السابقة	79
مقدمة	81
المراجع	98
شكر وتقدير	100
نبذة عن المؤلف	101
الملحق أ: قالب الكتابة باللغتين	102

مقدمة

"إن المحب حقا للمعرفة هو من يسعى لها دائما"

أفلاطون

عندما كنت أدرس الإدارة باللغة الانجليزية، كثيرا ما كنت احتار في الأسئلة «المفتوحة» رغم أني قد درست المادة وراجعتها جيدا. فكيف يمكنني أن أحدد النقاط أو المسائل أو الحجج ذات الصلة لكي أضمن تغطية كاملة للموضوع، أو تغطية كبيرة على الأقل؟ عادة ما تحتاج أذهاننا إلى محفز لتذكر الحقائق والمعلومات ذات الصلة بشكل منهجي. نحن بحاجة إلى آلية لتنشيط عملية التساؤل، واستذكار المعلومات، والربط بين الأفكار، كما نحتاج أيضا إلى حصيلة كلمات واضحة نعبر بواسطتها عن أفكارنا.

إن مجالي الإدارة والاتصال يذخران بالكثير من الأساليب والمفاهيم الراسخة علاوة على كتب مثيرة للإعجاب، بعضها قد ألهم هذا الكتاب، الا أن الطلاب عادة ما يضيعون وسط هذا الكم الهائل من المفاهيم والمصطلحات والأساليب. من خلال دراستي لعلم الإدارة وخبرتي الطويلة في هذا المجال، التي شملت تدريب المبتدئين والخريجين الجدد، توصلت الى أن فئة الطلاب والممارسين المبتدئين بحاجة الى شيئين أساسيين:

1. مادة مختارة بعناية تضم المفاهيم والمصطلحات الأساسية التي تغطي طائفة واسعة من مواضيع الإدارة، وليس بالضرورة كلها، لتساعد هذه الفئة على تجسير الفجوة في التعاطي باللغة الإنجليزية.
2. أداة تساعد على إنشاء المحتوى في حد ذاته، سواء كان الإجابة على ورقة الامتحانات أو التقارير والتحاليل في مجال العمل. لتحقيق هذه الغاية، فإن أسلوب النطاق الذي يقدمه هذا الكتاب يستخدم الأسئلة الستة 6Ws، ونموذج الإدارة، والكلمات الرئيسية، علاوة على المصطلحات الضرورية، وذلك للمساعدة على إنشاء المحتوى بطريقة منهجية.

توصلت أيضا من خلال البحث والتحليل الى أن جزءا كبيرا من أدبيات الإدارة يتمحور حول مجموعة معينة من المصطلحات، كما لاحظت أيضا أن هذه المصطلحات يمكن أن تُصنف إلى مستويين:

المستوى الأول يشمل كلمات رئيسية تُعتبر مركزية لمعظم مواضيع الإدارة. هذه الكلمات، بالاقتران مع الـ 6Ws، يمكن أن تثير الكثير من الأفكار والأسئلة والعناوين الفرعية ضمن سياق الكثير من مواضيع الإدارة.

أما بالنسبة للمستوى الثاني، فهو يشمل حصيلة الكلمات (vocabulary) أو المصطلحات (terminology) الضرورية التي تُستخدم بشكل متكرر في أدبيات الإدارة

بشكل عام. على أية حال، يجب التفريق بين مجموعة الكلمات هذه، التي يُشار إليها في هذا الكتاب بالقاموس العملي، وقواميس الإدارة. فقاموس الإدارة النموذجي يحتوي على حوالي 2000 - 2500 كلمة في المتوسط، وهو يضم الكثير من الكلمات والمصطلحات والمختصرات التي بالرغم من أنها مفيدة إلا أنها لا تُستخدم في سياق كل الامتحانات أو في مضمون كافة المواد المكتوبة في أماكن العمل. علاوة على ذلك، تضم القواميس مفردات تُعتبر ضمن المعرفة والمدارك العامة، مثل كلمة مصرف، أو حساب مصرفي، إلخ. هذه القواميس مفيدة بدرجة كبيرة كمراجع بشكل عام، أو عندما تنطوي المادة أو الموضوع على تخصص ضيق.

لقد أدركت أن هناك حاجة إلى مجموعة أقل من الكلمات والمصطلحات التي يمكن فهمها بسهولة ويمكن أن تلبي بدرجة كبيرة حاجة طلبة الإدارة والممارسين في معظم الحالات التي يواجهونها: قاموس عملي.

لقد صُمم الكتاب بحيث يكون النقاش حول المواضيع موجزا ومباشرا، وقد لجأت إلى الاسهاب فقط عند الحاجة وإلى الحد المطلوب لشرح المفاهيم والمصطلحات.

ينقسم الكتاب إلى أربعة أجزاء.

يستعرض الجزء الأول بعض المفاهيم والأساليب الإدارية، وهو ينقسم الى أربعة فصول. يتناول الفصل الأول نموذج الإدارة، وهو نموذج مبتكر أعدّه المؤلف ليتخزل عملية إدارة المؤسسة بأكملها، على المستويين الاستراتيجي والعملي، في رسم بياني واحد يسهّل عملية الفهم. ويتناول الفصل الثاني مجموعة أخرى من المفاهيم والأساليب الإدارية التي تعزز فهم الطلاب لهذا العلم وتوسّع مداركهم. أما الفصل الثالث، فيناقش بإيجاز عملية الاتصال وأهميتها. يناقش الفصل الرابع الأسئلة الستة والتبعات أو (O" & 6Ws") وكيفية استخدامها كأداة لتوليد الأسئلة والأفكار في سياق الإجابة على الامتحانات أو الكتابة في بيئة العمل.

أما الجزء الثاني، فيناقش عملية الكتابة في مجال الأعمال وأسئلة الامتحانات، وينقسم الى سبعة فصول. يتناول الفصل الأول بإيجاز نظريات الكتابة في مجال الأعمال باعتبارها أحد المواضيع التي يتعين على الطلاب والمهنيين الإلمام بها. ويناقش الفصل الثاني تحديات الأسئلة المفتوحة وكتابة المقالات، ويستعرض الفصل الثالث بشكل موجز بعض البحوث الأساسية حول استخدام كلمات اللغة الإنجليزية ويوضح كيف أن القاموس العملي الذي يقدمه الكتاب يمكن أن يغطي مجموعة واسعة من المواضيع في مجال إدارة الأعمال. أما الفصل الرابع فيوجز أسلوب التعامل مع الامتحانات الذي ورد في بعض الأدبيات، كما يستعرض الفصل الخامس الكلمات الرئيسية التي يمكن اعتبارها القاسم المشترك في مجال الإدارة. يشرح الفصل السادس الأفعال التي تتطلب اتخاذ إجراء (Action Verbs) التي عادة ما

ترد في أسئلة الامتحانات. في نهاية هذا الجزء، يدمج الفصل السابع هذه المفاهيم، وغيرها، فيما أسماه المؤلف «أسلوب النطاق» (Ambit Technique) وهو أسلوب مبتكر يساعد على توليد وتنظيم الأفكار أثناء عملية الكتابة سواء على ورقة الامتحانات أو في مجال العمل.

الجزء الثالث يضم القاموس العملي لمجالات إدارة الأعمال وتعليمات حول كيفية استخدامه. هذا الجزء يُعتبر أيضا أحد السمات المميزة للكتاب، إذ أنه يشكل قاموسا إداريا موجزا ومفيدا.

أما الجزء الرابع فيضم أسئلة امتحانات سابقة من معهد الشئون الإدارية ببريطانيا (The Institute of Administrative Management) وذلك بمثابة تمارين عملية على استخدام أسلوب النطاق في حل أسئلة الامتحانات.

آمل أن يكون الكتاب مفيدا لكل من الطلاب العرب الذين يدرسون إدارة الأعمال باللغة الإنجليزية والمهنيين الذين يمارسون الإدارة بهذه اللغة.

الجزء الأول
مفاهيم إدارية أساسية
Basic Management Concepts

الفصل الأول
نموذج الإدارة
The Management Model

نموذج الإدارة عبارة عن رسم بياني يوضح بشكل موجز ومكثف المسائل والأدوار والاعتبارات الرئيسية في الممارسة الإدارية. إن فائدة هذا النموذج، والأمر الذي يجعله فريدا، هو أنه يوضح في رسم بياني واحد الإطار العام للممارسة الإدارية. فهو يوضح، على سبيل المثال، ما يتم القيام به على مستوى الإدارة العليا للمؤسسة. فعند تحديد رؤية المؤسسة ومهمتها (Vision and Mission)، يتم القيام بعملية التحليل التي تُسمى (SWOT)[1]. يجب على تحليل "سوات" (SWOT) أن يكشف عن مكامن القوة ونقاط الضعف بالمؤسسة والفرص المتاحة أمامها والتهديدات التي تواجهها. سوف تشكل نتائج هذا التحليل الأساس لمرحلة التخطيط على مستوى المؤسسة والتي تنطوي على إدارة التغيير. هذا بدوره يشمل التطوير الإداري، وتحديد التغيير في الإستراتيجية، واتخاذ قرارات حول نمو المؤسسة، الأمر الذي يتطلب اتخاذ قرارات حول المنتجات والأسواق والأسعار والتوجه نحو المستهلك. كما أن النموذج يبين أيضا العلاقة بين مختلف الأنشطة والتخصصات ضمن المؤسسة. فهو يبين، كمثال آخر، كيف أن بحوث التسويق Marketing Research والمقارنة المعيارية Benchmarking والضوابط المالية Financial Controls، إلخ. تغذي الإدارة العليا بالمعلومات حتى يتسنى لها مراجعة الخطط الاستراتيجية أو توجّه المؤسسة.

بمجرد قراءتهم للصفحة، سيكون بمقدور الطلبة والطالبات الذين لديهم خلفية قوية، أو خلفية مناسبة على الأقل، في مجال الإدارة، أن يستحضروا الكثير من التفاصيل والعناوين الفرعية تحت كل عنوان. يمكن للنموذج أيضا أن يكون مفيدا جدا للقراء الآخرين الذين يرغبون في تشكيل فكرة عامة عما تنطوي عليه عملية الممارسة الإدارية. (الشكل 1.1)

---

[1] مختصر لـ (strenghts, weaknesses, opportunities, and threats) مكامن القوة ونقاط الضعف بالمؤسسة والفرص المتاحة أمامها والتهديدات التي تواجهها.

الرؤيا
المسئولية الاجتماعية
الأخلاقيات
الأهداف
التغذية الاسترجاعية Feedback
الخطط/ السياسات
تحليل (SWOT)
التطوير الإداري (OD)
دور المدير
صنع القرار
الأسلوب
التخطيط المؤسسي
إدارة التغيير
التحول الاستراتيجي
النمو
المنتجات، الأسواق، الأسعار، التوجه نحو المستهلك
يدير العاملين
يدير العمليات/ الإنتاج
يقود ...يلهم ... يحفز
يراقب وينسق
يدير وينفذ استراتيجية التسويق
إدارة الموارد البشرية
إعادة هندسة الإجراءات
استغلال التكنولوجيا في المؤسسة بأكملها
بحوث التسويق
الثقافة
نظريات التحفيز
المعرفة، المهارات، التدريب
الرقابة المالية
الاستغلال الأمثل للموارد
التدقيق
التغذية الاسترجاعية Feedback
التغذية الاسترجاعية Feedback
التقييم، سياسات التعويض، التفاوض، إلخ . .
اختيار وتعيين الموظفين
الصحة والسلامة
التكلفة
السرعة
الإنتاجية
الجودة
دراسة مناهج العمل
إدارة الجودة الشاملة (TQM)
فعالية التكلفة
التكنولوجيا
أساليب العمل
الكفاءة: المواد، القوى العاملة
المقارنة المعيارية لأداء المؤسسة من ناحية الكم والنوع

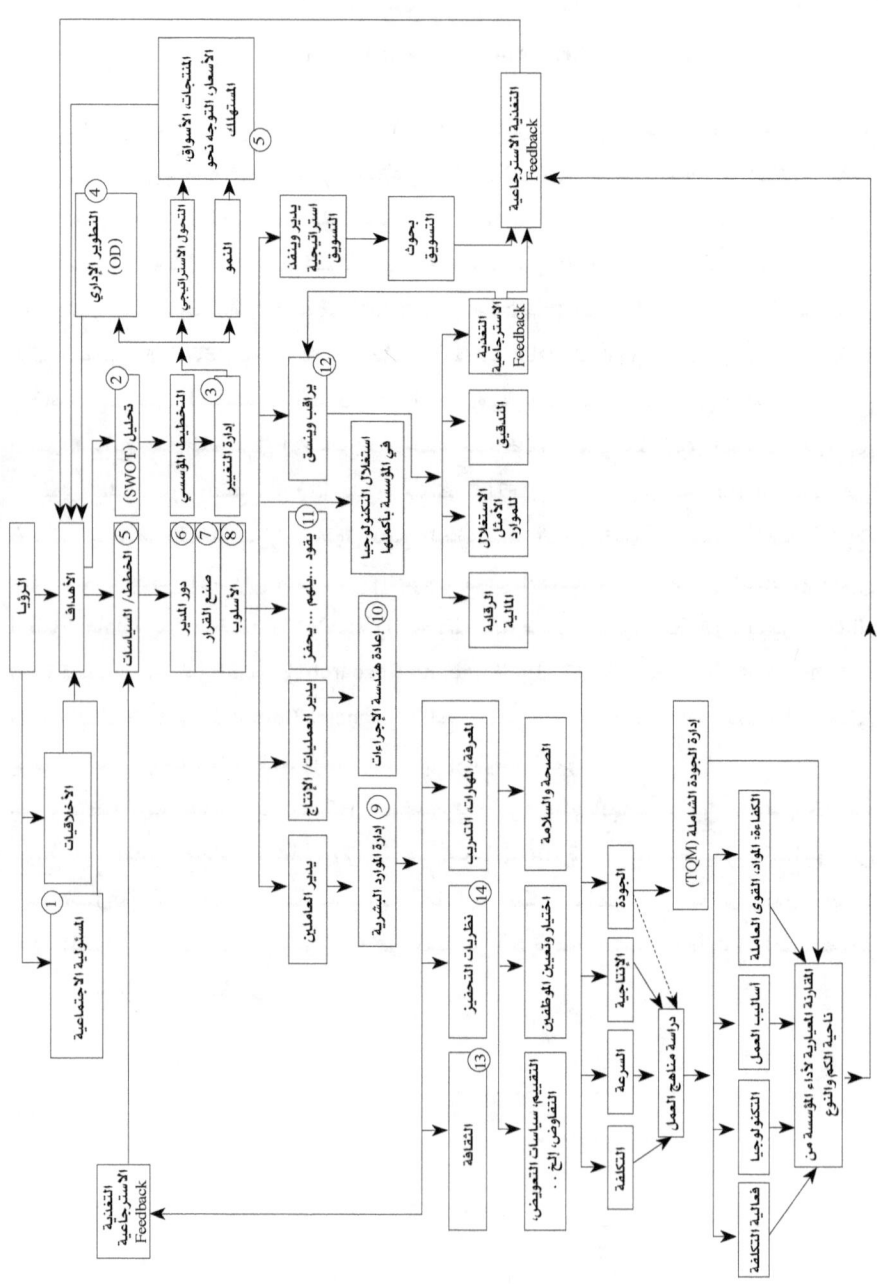

VISION
Objectives
Social Responsibility Stakeholders 1
Ethics
Plans - Policies 5
SWOT .Analysis. 2
Corporate Planning
Change Management 3
Organizational Development (OD) 4
Strategic Shift
Growth
Products,Markets, Prices, Consumer-Orientation 5
Role of Manager 6
Decision Making 7
Approach 8
Manages Implement marketing Strategy
Marketing Research
Feedback
Controls and Coordinates 12
Harness the power of technology across the Organization
Provides Leadership, Motivates 11
Manages Processes/ Production
Process Re-Engineering 10
Manages People
HRM 9
Financial Control
Optimizing Resources
Audits
Feedback
Culture 13
Motivation Theories 14
Knowledge, Skills, Training
Appraisal, Compensation Policies, Bargaining, etc.
Recruitment & Selection
Health & Safety
Feedback
Cost
Speed
Productivity
Quality
Work Study
Total Quality Management (TQM). A continuous process
Cost Effectiveness
Technology
Methods
Efficiency: Material, Workforce
Benchmarking Organizational Performance - Quantitative, Qualitative

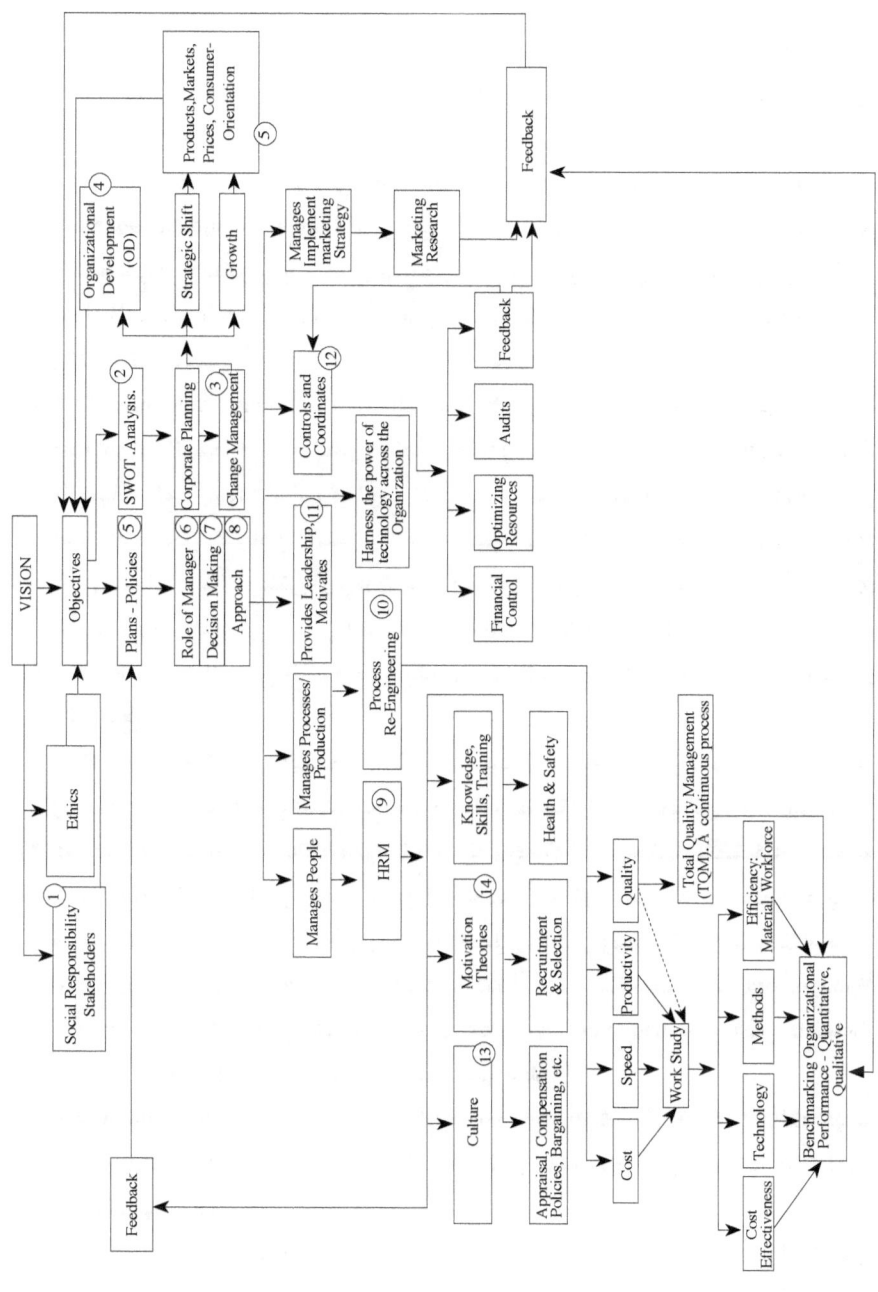

مفتاح نموذج الإدارة
Key to Management Model

فيما يلي شرح موجز للمصطلحات المُستخدمة في المربعات المُرقَمة بنموذج الإدارة.

1. Stakeholders أصحاب المصلحة: مصطلح يشير إلى حملة الأسهم، والزبائن، والموظفين، والمجتمع ككل.

2. أسلوب SWOT: تحليل مواطن القوة والضعف والفرص والتهديدات (لمؤسسة ما)

3. Change Management إدارة التغيير: يمكن لإدارة التغيير أن تكون على المستوى التشغيلي أو الاستراتيجي/على مستوى المؤسسة، وتنطوي على تغيير في التوجه العام للمؤسسة. عادة ما يحدث التغيير بشكل متزامن مع مشروع للتطوير الإداري (OD) بالمؤسسة.

4. Organizational Development (OD) التطوير الإداري: يتعلق بمراجعة مهمة المؤسسة وأهدافها، والهيكل التنظيمي، وتصميم الوظائف، والتكنولوجيا المستخدمة، وإنسياب العمل، والأسواق، وقنوات التوزيع، وقنوات الاتصال، والتسلسل الهرمي للقيادة. يمكن القيام بالتطوير الإداري على مستويات مختلفة بحسب الحاجة. على سبيل المثال، يمكن أن يكون على مستوى المؤسسة بأكملها أو على مستوى الأقسام /العمليات ويتضمن إعادة هندسة العمليات والإجراءات.

5. Marketing Mix المزيج التسويقي: يتكون من المُنتَج، والسعر، والترويج، والمكان (التوزيع).

6. Managers Role دور المدراء: يقومون بإدارة العاملين، والموارد، والأنشطة، والمعلومات، والطاقة، والمشاريع، والنوعية، ويضمنون وضع وتنفيذ الضوابط.

7. Decision-Making Process عملية اتخاذ القرار: تتعلق بتحديد المشكلة، تجميع المعلومات ذات الصلة، وتحديد إجراءات العمل/ الحلول البديلة، وتقييم إيجابيات وسلبيات كل بديل من البدائل، وإختيار البديل الأمثل وتطبيقه وتقييم نتائجه.

8. Approaches to Management نُهُج الإدارة: تشمل الإدارة بالاستثناء Management by Exception، والإدارة بالأهداف Management by Objectives (MBO)، والإدارة بالتجول في مكان العمل Management by Walking Around.

9. Human Resources Management إدارة الموارد البشرية: تتعلق بالتوظيف، والتعويضات، والعلاقات الصناعية، والامتثال للتشريعات، والتدريب والتطوير، والصحة والسلامة.

10. Process Re-engineering إعادة هندسة العمليات: تتعلق بدراسة أحوال العمل، وتصميم أساليب العمل، وتصميم الوظائف، وفرق العمل، ومراجعة الهيكل التنظيمي، وقنوات الاتصال.

11. Leadership Styles أنماط القيادة: تشمل القيادة الكاريزمية، والتقليدية، والظرفية، والمُعيّنة، والوظيفية، والتي ترتكز على مبدأ.

12. Controls الضوابط: تشمل وضع معايير الأداء، وتحديد التباينات/ الاختلافات، واتخاذ الإجراءات التصحيحية.

13. Culture الثقافة: تُعتبر نتاجاً للسياسات، والإجراءات، والهيكل التنظيمي، والخبرة، والتكنولوجيا، وقنوات الاتصال، وتخويل الصلاحيات، والأهداف المنشودة للمؤسسة.

14. Motivation Theories نظريات التحفيز: تشمل دراسات هوثورن Hawthorne Studies; ونظرية ماسلو حول هرمية الاحتياجات البشرية Maslow's Hierarchy of Needs; والنظريتين X و Y لـماكجريجور McGregor's Theory X and Theory Y; ونظرية هيرزبيرغ حول التحفيز وظروف العمل الصحية Herzberg's Motivation-Hygiene Theory; ودراسات ميتشيجان Michigan Studies (Likert) ونظرية كريس أرغيريس حول النضوج وعدم النضوج Chris Argyris's Immaturity-Maturity Theory; ونظرية ماكليلاند حول محفزات الإنجاز McClelland's Achievement Motivation ونظرية فروم حول التوقع Vroom's Expectancy Theory; ونظرية كيلي حول الإنصاف Equity Theory (Kelly) ونظرية سكينر حول التعزيز(Skinner) Reinforcement Theory ونظرية Z اليابانية The Japanese Theory Z.

الفصل الثاني
مفاهيم وأساليب إدارية أخرى
Other Management Concepts and Methods

في الممارسة الإدارية المعاصرة، تم تطوير العديد من الأساليب لاستكشاف مختلف أبعاد أو نطاق أو حجم المسألة أو المشكلة أو الظرف قيد البحث. فيما يلي بعض هذه الأساليب.

العناصر الأربعة لإدارة المشتريات (The Four O's of Purchasing)
تستخدم الشركات هذا الأسلوب كأداة لتحديد المزيج التسويقي الخاص بها، وهو يشتمل على العناصر ذات الصلة بعملية الشراء من جانب المستهلك أو الزبون.

العنصر	الوصف
المواد (Objects)	المنتجات (Products)
الأهداف (Objectives)	فائدة المنتج ووظيفته واستخدامه
التنظيم (Organization)	الأشخاص المعنيون بعمليات الشراء
العمليات (Operations)	أنظمة وإجراءات وممارسات الشراء التي يتبعها المشتري

العناصر الخمسة (The Five Ms) هذا أسلوب آخر تستخدمه المؤسسات لتضمن أن كافة الجوانب المتعلقة بحل مشكلة ما في مكان العمل قد تم أخذها بالاعتبار. يشتمل الأسلوب على خمسة عناصر هي: الأشخاص، الآلات، المواد، القياس، والمنهجية.

العنصر	الوصف
الأشخاص (Men)	الأشخاص الذين يقومون بالعمل
الآلات (Machines)	المعدات، الآلات، إلخ. المستخدمة أو المطلوبة
المواد (Materials)	المواد المستخدمة أو المطلوبة
القياس (Measurement)	كميات مختلف المُدخلات والمُخرجات
المنهجية (Methodology)	الطريقة التي يتم بها العمل أو يجب أن يتم بها

العناصر الأربعة للتسويق (The Four Ps of Marketing) تشمل العناصر الأربعة لما يُسمى بـ (مزيج التسويق Marketing Mix)، وهي المُنتَج، والسعر، والترويج، والمكان.

العنصر	الوصف
المُنتَج (Product)	السلعة التي تُباع، وفوائدها، واستخداماتها، ووظائفها، وخصائصها
السعر (Price)	مختلف المسائل والاعتبارات المتعلقة بتحديد السعر وهي تشمل التكلفة، وهامش الربح، وسعر التجزئة، والحسومات، إلخ.
الترويج (Promotion)	التدابير التي تتخذها المؤسسة لتعزيز صورة منتجاتها لغرض زيادة الطلب عليها. هذه تشمل الاعلانات، وترويج المبيعات، والحسومات، والتسويق المباشر، إلخ.
المكان (Place)	توزيع وتسليم السلع إلى المستهلكين. يتطلب استخدام قنوات توزيع مثل تجار الجملة وتجار التجزئة.

الفصل الثالث

عملية الاتصال

The Communication Process

تُعتبر عملية الاتصال البشري مجال دراسي في حد ذاته، ولديها تأثير بالغ على حياتنا. فنحن نتواصل بشكل مستمر مع عائلاتنا وأصدقائنا وجيراننا وزملائنا ورؤساءنا وزبائننا، ويتم ذلك بشكل شفهي أو خطي علاوة على طرق أخرى كثيرة.

تم تعريف مصطلح الاتصال بطرق مختلفة. وفيما يلي بعض الأمثلة لهذه التعريفات: وفقا لـ ميرفي و بَك (1987)، «الاتصال هو عملية إرسال رسالة بحيث يقوم المتلقي بفهمها».

وعرّفها بوغالي (1987) باعتبارها "العملية التي من خلالها يتم تمرير المعلومات بين الأشخاص و/أو المؤسسات، وذلك بواسطة رموز متفق عليها سابقا."

تُعتبر مهارة الاتصال الجيدة مهارة أساسية لنجاحنا كأفراد في مختلف مناحي الحياة، إذ يتعين علينا إرسال رسالة صحيحة ومفهومة، بالشكل الملائم وبواسطة القناة أو الوسائط الملائمة، في الوقت الملائم، وإلى الشخص المعني في المكان المعين.

عناصر عملية الاتصال:

Elements of Communication Process

قامت مدارس فكرية مختلفة بتحديد عناصر مختلفة لعملية الاتصال. الجدول 3.1 يسرد ويشرح العناصر المشتركة بين هذه المدارس الفكرية.

الجدول 3.1

ملخص لعناصر الاتصال:

العنصر	الوصف
Sender المُرسِل	الشخص أو الجهة التي تنشئ أو ترسل الرسالة
Message الرسالة	فكرة، أو موضوع، أو معلومات، أو محفّز، إلخ. قام المُرسِل بإنشاءهم
Channel القناة	الوسيلة التي من خلالها يتم إرسال الرسالة. على سبيل المثال، البريد الاليكتروني، أو المنشورات، أو البث، إلخ.
Receiver المتلقي/المستقبِل	الشخص أو الجهة التي تتلقى الرسالة
Transmission الإرسال	عملية إرسال الرسالة بواسطة القناة المعينة
Encoding الترميز (إضفاء المعاني)	عملية إنشاء/صياغة الرسالة بإستخدام الرموز أو اللغة الملائمة وبطريقة يجب أن تجعل الرسالة مفهومة للمتلقي
Decoding فك الرموز (فهم المعاني)	عملية تفسير الرسالة بواسطة المتلقي
Meaning المعنى	هدف الرسالة أو القصد منها أو مضمونها على النحو المنشود من قبل المرسل أو حسب تصور المتلقي لها
Feedback ردود الفعل/الملاحظات	الاستجابة التي يرسلها المتلقي إلى مرسل الرسالة الأصلية، تتبعها استجابة أخرى من مرسل الرسالة الأصلية إلى المتلقي
Communication Effects تأثير الاتصال	نتائج أو تبعات الرسائل التي تم تبادلها بين طرفي عملية الاتصال، أي المرسل والمتلقي

حواجز الاتصال: Communication Barriers

هناك حواجز أو صعوبات تؤدي، في حالة تواجدها، إلى إعاقة عملية الاتصال وتشويه الرسالة. وعلى شاكلة عناصر عملية الاتصال، قامت مدارس فكرية مختلفة بتحديد حواجز مختلفة لعملية الاتصال.

الجدول 3.2 يعرض ملخصا لحواجز الاتصال التي وردت بكتب مختلفة.

ملخص لحواجز الاتصال:

الحاجز	معناه / تجلياته	العلاج
Lack of proper Communication skills الافتقار إلى مهارات الاتصال الملائمة	عدم القدرة على التواصل بشكل فعال - سواء بشكل شفهي أو خطي، ويتجسد ذلك في الآتي: - عدم التأكد مما يجب إرساله وكيفية القيام بالإرسال - صياغة أو إرسال رسالة غامضة، أو غير مكتملة، أو سلبية - اختيار قناة اتصال، أو لغة، أو طريقة اتصال غير مناسبة	التعليم والتثقيف الملائم، والتدريب، وممارسة مهارات الاتصال
Perception of Reality التصور للواقع	الاستنتاجات والافتراضات والأحكام التي يطلقها من يقومون بعملية التواصل بناءا على خلفيتهم ومنظومة القيم لديهم، ويتجسد ذلك في الآتي: - النظرة النمطية أو التعميم المتحيز: إصدار أحكام على الكل (مثل مجموعة من الناس) بناءا على تصور الشخص لجزء من تلك المجموعة. - الاستنتاجات أو الأحكام أو التقييمات الخاطئة قبل أو بدون معرفة الحقائق. - "مغالطة التعميم": "Allness Fallacy": إطلاق حكم معين على مجموعة معينة من الأشخاص أو الأشياء	المواقف الإيجابية، والتفكير المنطقي، والانفتاح تجاه الآخر؛ الاستنارة
Attitudes, Opinions and Emotions المواقف، ووجهات النظر، والعواطف	تشمل الغضب، والكراهية، والخوف (من تبعات الرسالة)، والافتقار إلى الثقة. تتجسد من خلال التواصل بطريقة جافة وعدائية، والمعاملة غير العادلة لمجموعات معينة من الناس، وإخفاء المعلومات، والخداع. تُعتبر حاجزا معقدا إذ أنها تتعلق بالتربية والتهذيب.	المناخ الصحي الذي يعزز الثقة، والعمل كفريق، والتسامح، والإرشاد، والتثقيف
Status Differences اختلاف المكانة	يمتنع المرؤوسون عن التواصل مع رؤسائهم أو توصيل المعلومات إليهم لتجنب الانتقاد أو عدم الاستجابة.	الاستجابة من جانب الرؤساء، وتشجيع التواصل، وقنوات الاتصال الملائمة.

Information Overflow فيض المعلومات	عادة ما ينتج عن عيوب في الهيكل التنظيمي، وقنوات اتصال غير ملائمة/غير واضحة، أو نظام إدارة معلومات مصمم بشكل سيئ. يتجسد في إرسال رسائل زائدة عن الحاجة أو تزويد معلومات فائضة بشكل يعيق العمل.	هياكل تنظيمية سليمة، وقنوات اتصال واضحة، وأنظمة معلومات ملائمة
Message Distortion تشويه الرسالة «الهمسة الصينية» «Chinese Whisper»	يحدث التشويه عندما تُرسل الرسالة عبر سلسلة من الناس يقوم كل واحد منهم بإضافة أو حذف شئ منها لعدة أسباب، تشمل عدم فهم الرسالة بشكل سليم، أو التشويه المتعمد بسبب مواقف أو مشاعر المتلقي للرسالة.	يجب أن تكون الرسالة الأصلية واضحة ومختصرة ويسهل فهمها. يتعين تجنب التفاصيل المفرطة، واللغة الاصطلاحية، والغموض.
Environmental Problems المشاكل البيئية	تشمل: - الضوضاء، - المشاكل الفنية، مثل خلل في الأنظمة - الافتقار لقنوات الاتصال، مثل الاجتماعات أو أجهزة الهاتف - المسافة	- البيئة الهادئة - المعدات السليمة - القنوات الملائمة - التكنولوجيا الحديثة، مثل البريد الاليكتروني، أجهزة الهاتف، إلخ.
Interpretation of Words تفسير الكلمات	يحدث سوء تفسير الكلمات عندما يكون للكلمات المستخدمة في عملية الإتصال معاني مختلفة في أذهان كل من المرسل والمتلقي، وذلك بحسب خلفياتهم ومعرفتهم.	تجنب اللغة الاصطلاحية، واستخدام اللغة الشائعة بقدر الإمكان، والتأكد من أن الرسالة قد فُهمت بشكل صحيح، وتلقي الملاحظات/الاستجابة.

إن فهم الدور الذي تلعبه عناصر الاتصال وحواجز الاتصال له أهمية كبيرة في إنشاء مادة مكتوبة ذات معنى. يجب علينا التركيز على المتلقي وتلبية احتياجاته. عند الامتحان، تجنبوا حواجز مثل فيض المعلومات أو مغالطة التعميم. فليكن أسلوبكم مباشرا وفي صميم الموضوع. اكتبوا بشكل واضح، واستخدموا المفردات التي لا يمكن إساءة تفسيرها. تجنبوا التعميمات وادعموا وجهات نظركم وحججكم بالأدلة والمعلومات.

الفصل الرابع:
الأسئلة الستة والتبعات
The 6 Ws & O (The Ambit)

الأسئلة الستة والتبعات (The 6 Ws & O) هي عبارة عن الأسئلة الأساسية في أية لغة معروفة. ولأن عدد هذه الأسئلة يبلغ ستة، ولأن حرف W عامل مشترك بينها، فإنها تُعرف على نطاق واسع بـ 6Ws، رغم أنها تُعرف أحيانا بـ 5Ws and H، وهي: ماذا، ومتى، وكيف، ومن، وأين، ولماذا :(What, When, How, Who, Where, and Why).

على أية حال، أضفنا الى هذه الأسئلة عنصرا إضافيا هو «التبعات» (Outcomes) - واختصارها هو حرف (O). الغرض من هذه الإضافة هو استصحاب عملية تقييم النتائج المتوقعة أو التبعات أو السلبيات والايجابيات للمسألة أو الإجراء أو المقترح قيد البحث.

تُستخدم الأسئلة الستة على نطاق واسع في مجال الإدارة لتحديد الجوانب المختلفة المتعلقة بموضوع أو حالة معينة. على سبيل المثال، أوصت بعض الكتب التي صدرت بشأن الاتصال في مجال الأعمال باستخدامها كأداة تساعد على صياغة رسالة مكتملة. وهي تُستخدم على نحو خاص في مجال دراسة أساليب العمل لطرح الأسئلة المتعلقة بالترتيبات والطرق الحالية لأداء العمل وإثارة المزيد من الأسئلة، وأيضا لكي تساعد على توليد الأفكار. فيما يلي أمثلة عن مثل هذه الاستخدامات:

ماذا يتم القيام به؟ ما هو الغرض من ذلك (لماذا)؟ ما هي المشكلة؟ ما هي مسببات المشكلة (لماذا)؟ ما هو الهدف؟ ما هي الأشياء الأخرى التي يمكن القيام بها أو تحقيقها، ولماذا؟

متى يتم القيام بهذه الأنشطة/المهام، ولماذا؟ ما هي الأوقات الأخرى التي يمكن أن يتم فيها القيام بهذه الأنشطة/المهام، ولماذا؟

كيف يتم القيام بهذه الأنشطة/المهام، ولماذا؟ ما هي الطريقة الأخرى التي يمكن بها القيام بهذه الأنشطة/المهام، ولماذا؟

من الذي يقوم بهذه الأنشطة/المهام، ولماذا؟ من هم الأشخاص الآخرون الذين يمكنهم القيام بهذه الأنشطة/المهام، ولماذا؟

أين يتم القيام بهذه الأنشطة/المهام، ولماذا؟ ما هو المكان الآخر/الأمكنة الأخرى التي يمكن القيام بهذه الأنشطة/المهام فيها؟

لماذا: كما رأيتم في الأمثلة المذكورة أعلاه، فإن كلمة "لماذا" تشير إلى مسببات المشكلة، والسبب الذي يكمن وراء وضع معين، والأسباب/المبررات لحلول أو توصيات بديلة معينة.

التبعات (O): ماهي التبعات أو النتائج المتوقعة أو المرجوة للإجراء المعين؟ وكيف نقوم بتقييمها (كيف)؟ ما هي السلبيات والايجابيات للحلول المقترحة؟

مفهوم النطاق (The Ambit):

يذهب هذا الكتاب إلى أن كل مسألة أو موضوع تقريبا ينطوي على «نطاق» يشمل جوانب معينة. بصفة رئيسية، هذه الجوانب هي: تعريف أو تحديد المسألة أو الموضوع (ماذا)، والجانب المكاني (أين)، والجانب الزماني (متى)، والأشخاص ذوي العلاقة (من)، وسبب حدوث أو وجود المسألة أو الموضوع (لماذا)، والطريقة التي تحدث بها (كيف)، ونتائجها أو تبعاتها (O). وعليه، تشكل هذه الأسئلة أسلوب النطاق الوارد بمزيد من التفصيل في النسخة الإنجليزية من الكتاب (The Ambit Technique) «أسلوب النطاق» والذي ستصدر منه نسخة معدلة بعنوان
(How to Write an Essay) "كيف تكتب مقالا.»

في سياق الأسلوب الذي يقدمه الكتاب، فإن تعريف «النطاق» (Ambit) هو كالآتي:

إطار للاستعلام والاستفسار يتضمن الجوانب التي يمكن أن تنطوي عليها المسألة أو الموضوع، أو ينبغي تناولها ضمن المسألة أو الموضوع، والغرض منه هو المساعدة على القيام بتغطية المسألة أو الموضوع قيد البحث على نحو كامل.

لتوضيح هذه العلاقة، يوجد بالجدول رقم 4.1 شرح موجز لكل جانب من جوانب النطاق وكيف يتطابق كل واحد من هذه الجوانب مع الأسئلة الستة والتبعات The 6 Ws & O.

الجدول 4.1: جوانب النطاق

الجانب	الأسئلة الستة والتبعات (النطاق) The 6 Ws & O	الوصف
Definition التعريف أو التحديد	ما هي المسألة/الموضوع؟ (ماذا)؟ What?	تعريف/تحديد المشكلة، أو المسألة، أو الشيء
Spatial Aspect الجانب المكاني	أين؟ Where?	المكان، أو خريطته/تصميمه، أو مسافته
Time Aspect الجانب الزمني	متى؟ When?	الإطار الزمني للعملية أو المسألة قيد البحث
People Involved الأشخاص المعنيون	من؟ Who?	الفاعلون، أو المستفيدون، أو المتأثرون بالمسألة
Reasons الأسباب	لماذا؟ Why?	مسببات المشكلة، أو المسألة، إلخ، أو الأهداف أو المبررات
The way it Happens طريقة الحدوث	كيف؟ How?	النُهُج، أو الأساليب، أو الأنظمة، الخ، وسبل القيام بذلك، مثل المعدات، المواد، إلخ.
النتائج /التبعات (O)	التبعات (O)	الفوائد، أو النتائج، أو التبعات - الحالية، أو المتوقعة، أو المرغوبة

الجزء الثاني
الكتابة في مجال الأعمال وأسئلة الامتحانات

Business Writing and Exam Questions

الفصل الأول

نظريات الكتابة في مجال الأعمال

Business Writing Theories

يناقش هذا الفصل بشكل موجز النظريات المتعلقة بعملية الكتابة في مجال الأعمال، باعتبارها أحد المهارات الأساسية التي يجب على الطلبة والطالبات والمهنيين الالمام بها ضمن المفاهيم الإدارية الأساسية. بشكل عام، تتطلب أية عملية كتابة معرفة بالموضوع الذي يتم التعامل معه، كما يجب أن يكون هناك هدف وغرض واضح للكتابة. تتطلب الكتابة تخطيطا سليما، ومهارات كتابة جيدة، واسلوبا ملائما، وهيكلا مناسبا للمادة المكتوبة.

عناصر الكتابة:

وفقا لبوغالي (1994)، تنطوي عملية الكتابة على أربعة عناصر:

التخطيط: هو عملية تحديد الغرض من المحتوى، وتحديد الأساليب البحثية والمحتوى، واختيار الأسلوب ونسق العرض الملائمين.

إنشاء النص: هي العملية المعقدة لكتابة النص. وهي تتطلب معرفة بالموضوع قيد البحث وتنطوي على مختلف المهام والإعتبارات. هذه المهام تشمل تطوير الأفكار وإنشاء الجمل وتنظيمها بشكل منطقي بموجب خطة الكتابة. سيساعد استخدام النطاق (Ambit) والأعماق (Depths) على التعامل مع الكثير من المواضيع وتحديد الجوانب المتعلقة بها. تشمل الاعتبارات الأخرى الانتباه للنحو، والإملاء، والاستخدام السليم للكلمات، إلخ.

التنقيح: هو عملية إضافة أفكار وجمل أو حذفها أو إعادة تنظيمها، ويشمل مراجعة خطة الكتابة وأهدافها وهيكلها، كما يشمل مراجعة النحو والإملاء واستخدام الكلمات.

الأسلوب: هو «الطريقة المميزة للتعبير» (قاموس ماريام ويبستر 2003). يُعتبر الأسلوب عاملا هاما في تحديد فعالية المحتوى وتأثير الرسالة على المتلقين. يمكن للأسلوب أن يكون رسميا أو غير رسمي، أن يكون تخصصيا أو عاديا، عاما أم مخصصا، حُكمي أو غير حُكمي. كما يمكن أن يكون أيضا معقدا أو بسيطا، عمليا أو عاطفيا، مُعَلّلا أو وعظيا.

مبادئ الكتابة في مجال الأعمال:

إن المحتوى الفعال يساعدكم على الوصول إلى المتلقين المُستَهدفين وعلى إحداث الأثر المرغوب. قد تتسائلون ما الذي يجعل المحتوى مادة ذات أثر؟ يوصي ميرفي وبيك (1987) بتطبيق مبادئ الكتابة السبعة التي تبدأ بحرف (C). فيما يلي شرح موجز لهذه المبادئ:

1. **الاكتمال** (Completeness): يتعين تغطية كافة جوانب الموضوع. لتحقيق ذلك، يتعين استخدام النطاق (Ambit) علاوة على نموذج الإدارة، (Management Model) والكلمات الرئيسية (Key Words) والقاموس العملي (Practical Lexicon).
2. **الإيجاز** (Conciseness): يجب التنظيم على نحو ملائم وعرض الحقائق ذات الصلة وتجنب التكرار. ركزوا على صلب الموضوع.
3. **مراعاة الآخرين** (Consideration): ركزوا على الآخر بدلا عن «أنا» و «نحن.`` أعربوا عن اهتمامكم بالقارئ/المتلقي وشددوا بنزاهة على الحقائق الإيجابية والسائغة.
4. **الطابع الملموس** (Concreteness): قدموا بيانات محددة واختاروا كلمات واضحة، والأفعال التي تستدعي اتخاذ إجراء، لتشكيل صور في أذهان المتلقين.
5. **الوضوح** (Clarity): استخدموا الكلمات المُعتادة، والجمل القصيرة، وقسموا النص إلى فقرات. إدرجوا أمثلة ورسومات وغير ذلك من المساعدات البصرية، مثل المخططات أو الرسوم البيانية.
6. **الكياسة** (Courtesy): تحلّوا باللباقة وعمق التفكير وتقدير الآخرين. تجنبوا العبارات السلبية. استجيبوا بسرعة وبظرف.
7. **الدقة** (Correctness): ضمّنوا فقط الحقائق والأرقام والكلمات الصحيحة. استخدموا التعابير غير المتحيزة جنسانياً (ذكر/أنثى). استخدموا مستوى اللغة الملائم.

يمكن عرض مبادئ الكتابة السبعة التي تبدأ بحرف (C) بطريقة بيانية على النحو الوارد بالشكل 1.1.

الشكل رقم 1.1

مبادئ الكتابة السبعة التي تبدأ بحرف The Seven Cs

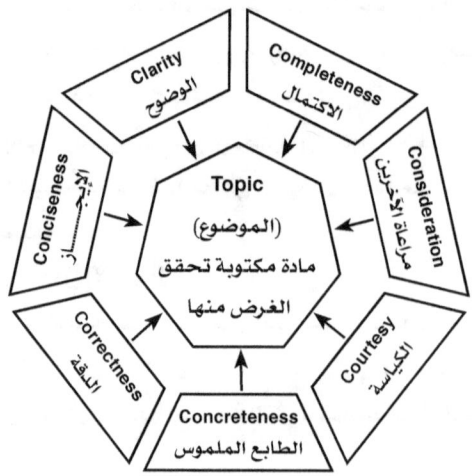

الفصل الثاني
تحديات الأسئلة المفتوحة وكتابة المقالات
Challenges of Open Questions & Essay Writing

تُعتبر الكتابة، بشكل عام، عملية اتصال معقدة تتطلب مهارات مختلفة وتنطوي على تحديات متعددة. كما أن الإجابة على الأسئلة المفتوحة وكتابة المقالات، على وجه الخصوص، تتطلب أسلوبا منهجيا لضمان إنشاء إجابة ملائمة وشاملة. يهدف هذا الكتاب إلى تزويد طلبة إدارة الأعمال بحصيلة الكلمات الضرورية(vocabulary) أو المصطلحات (terminology)، علاوة على أسلوب (technique) يعالج هذه التحديات بطريقة منهجية.

فيما يلي ملخص للتحديات التي يواجهها الطلبة والطالبات عند الامتحان:

1. التعامل مع ورقة الامتحان بطريقة منهجية وموجزة خلال الوقت المحدد (**التنظيم**). لتحقيق هذا الهدف، لابد من تنظيم المحتوى بموجب خطة، فيجب أن تنساب الأفكار والحجج على نحو منطقي وأن تُعرض بطريقة منهجية، الواحدة تلو الأخرى.

2. استذكار وتحديد النقاط والأفكار والحجج الرئيسية التي يتعين التعامل معها أو تضمينها (**النقاط الرئيسية**) هذه هي الخطوة الأولى الضرورية بالنسبة لعملية الكتابة. في هذه الخطوة يتم وضع هيكل المحتوى وتحديد الترتيب المنطقي للأفكار.

3. ربط النقاط الأساسية التي تم إحداثها في الفقرة (2) مع نقاط أخرى لتوليد المزيد من الأفكار والحجج (**استذكار الحقائق**). فكل نقطة أو فكرة أو حجة تقود إلى أخرى ذات صلة بالموضوع، مما يؤدي إلى تشكيل الإطار العام (أو النطاق) للمحتوى.

4. تبني الأسلوب الملائم والقواعد اللغوية والإملاء وعلامات التنقيط الصحيحة، إلخ. (**الأسلوب**). هذا الأمر يُعتبر ضروريا لكي يكون المحتوى قابلا للقراءة، كما أن الأخطاء اللغوية والإملائية يمكن أحيانا أن تشوه المعنى المقصود جملة وتفصيلا.

5. توضيح كل نقطة أو فكرة أو حجة بطريقة منظمة، وذلك باستخدام المصطلحات الملائمة التي تدعم هذه الحجج (**حصيلة الكلمات**). عند قيام الطلاب بوضع الإطار العام (أو النطاق)، يتعين عليهم أن يوضحوا كل نقطة بقدر معقول من التفصيل، وهذا يتطلب حصيلة كافية من الكلمات والمصطلحات.

كثيرا ما يلجأ الطلاب إلى أحد أقصى الحدين بعدة طرق عند الامتحان. فمن جهة، قد يقوم الطلاب أحيانا بحشو ورقة الإجابة بالكثير من الأفكار والحجج في سعيهم لتقديم إجابة شاملة، وهذا يعيق قدرتهم على تبني نهج منظم والتركيز على النقاط أو الحجج الأساسية أو المطلوبة. الحد الأقصى الثاني يتمثل في عدم قدرة الطلاب على تناول كافة النقاط والأفكار والحجج ذات الصلة بالموضوع، وبالتالي يقدمون إجابة غير مكتملة ويفقدون علامات نتيجة لذلك. هذان بالطبع أقصى الحدين وقد تم التعرض لهما لشرح جانبي المشكلة. ولكن في الممارسة العملية، كثيرا ما يشمل أداؤنا مزيجاً من جانبي المشكلة.

الفصل الثالث
البحوث الأساسية
Background Research

تم في الفصل السابق تحديد الصعوبات المتعلقة بالأسئلة المفتوحة وكتابة المقالات، وشرحها بشكل موجز واختصارها كما يلي:

- التنظيم
- تحديد النقاط الرئيسية
- استذكار الحقائق
- الأسلوب
- حصيلة الكلمات

تتعلق النقاط من الأولى إلى الرابعة بشكل رئيسي بإطار المادة المكتوبة (المحتوى)، والأسلوب الملائم. أما النقطة الخامسة، حصيلة الكلمات، فهي الأداة التي بواسطتها يتم التعبير عن النقاط والأفكار والحجج. فبدون حصيلة الكلمات لن نستطيع التعبير عن أفكارنا وقد نهدر الكثير من الوقت في مسعانا لتذكر أو اختيار الكلمات والمصطلحات الملائمة.

يناقش هذا الفصل مسألة حصيلة الكلمات ويوضح كيف أن القاموس العملي الذي يضمه هذا الكتاب يمكن أن يغطي بدرجة كبيرة مجموعة واسعة من المواضيع في مجال إدارة الأعمال.

إن أي تخصص في مجالات الآداب والعلوم لديه لغة أو مفردات خاصة به يتعين الإلمام بها لإتقان التخصص المعين أو الكتابة عنه. في مجال إدارة الأعمال، هنالك الكثير من القواميس الرائعة التي يسعى كل واحد منها إلى إدراج كل كلمة أو مصطلح يمكن أن نصادفه. يحتوي القاموس النموذجي على 2000-2500 مصطلح في المتوسط، وكل هذه المصطلحات مفيدة بالطبع، إلا أن الكثير من هذه المصطلحات غير مُستخدم أو مطلوب بشكل عام في سياق الكثير من الامتحانات أو المواد المكتوبة المُعتادة في بيئة العمل، ونادرا ما تُستخدم هذه المصطلحات ولا تكون هناك حاجة لها إلا في سياق تخصصات ضيقة أو مواضيع معينة. علاوة على ذلك، فإن الكثير من العبارات أو المصطلحات الأخرى بهذه القواميس تُعتبر أمورا بديهية ويمكن تشكيلها بالطريقة العادية التي يتم بها تكوين الجمل. لتوضيح ذلك، دعونا ننظر إلى مصطلح Absence of Demand (عدم وجود طلب). فيمكن للطلبة العاديين، أثناء كتابتهم عن موضوع ذي صلة، أن يصوغوا هذه العبارة بدون صعوبة تُذكرعندما يريدوا أن يقولوا There is no demand (ليس هناك طلب).

ليس بوسع أحد أن يحفظ بسهولة قاموس إدارة أعمال بأكمله. لذا، هناك حاجة إلى قائمة موجزة ومباشرة، يسهل حفظها وفهمها، بالمصطلحات الضرورية والأكثر استعمالا في مجال إدارة الأعمال تعمل بمثابة قاموس عملي أساسي يساعد الطلبة والطالبات العرب على التعامل مع هذا العلم باللغة الإنجليزية ومن ثم ينطلقون لتوسيع حصيلتهم ومداركهم. هذا الكتاب يضم هذه القائمة.

لقد أثبت باحثون على جانبي المحيط الأطلسي أن هناك كلمات عامة معينة تُستخدم بشكل متكرر في المواد المقروءة لدرجة أنها تشكل نسبة كبيرة من مختلف النصوص. فيما يلي مثالا من كل جانب من جانبي المحيط الأطلسي.

في المملكة المتحدة، قام السيد/ جي ماكنالي - وهو قد كان كبير علماء النفس التربويين في منطقة مانشستر، والسيد/ دبليو موراي - ناظر مدرسة ثيرليستين كورت (السابقة) في منطقة شيلتنهام في ذات الوقت، بإجراء دراسة مثيرة للاهتمام تُستخدم نتائجها حاليا للأغراض التعليمية. فيما يلي مقتطفات من النتائج التي توصلا إليها:

هناك (12) كلمة تشكل في المتوسط ربع كافة المواد المقروءة، وهي: a, and, he, I, in, is, it, of, that, the, to, was.

و (20) كلمة، إضافة إلى الكلمات الـ (12) المذكورة أعلاه (مجموعها 32 كلمة)، تشكل في المتوسط ثلث كافة المواد المقروءة، وهي: all, as, at, be, but, are, for, had, have, him, his, not, on, one, said, so, they, we, with, you.

و (68) كلمة، إضافة إلى الكلمات الـ (32) المذكورة أعلاه (مجموعها 100 كلمة)، تشكل في المتوسط نصف كافة المواد المقروءة، وهي تشمل، على سبيل المثال: about, an, back, ...which, who, will, your.

و (150) من أكثر الكلمات والأسماء استخداما، وهي تشمل، على سبيل المثال: after, again ...school ...white ... would, year.

هذه الكلمات الـ (250) تشكل تقريبا 70 بالمائة من المواد التي يقرأها الصغار وحوالي 60 بالمائة من المواد التي يقرأها الكبار.

تُعرف هذه القائمة حاليا بـ «قائمة ماكنالي للكلمات عالية الاستخدام»

في الولايات المتحدة، توجد قائمة مثيرة للاهتمام بنفس القدر بالكلمات الـ 250 الأكثر استخداما، وذلك على موقع الويب www.anglik.com، وهو مصدر على الانترنت لدارسي اللغة الانجليزية كلغة ثانية. في هذه القائمة، تم إدراج الكلمات بحسب أهميتها، بدءا من الكلمة "the" باعتبارها أكثر الكلمات استخداما، تتبعها الكلمات "of, to, and, a, in, is, it" وتنتهي بالكلمات "night, real, life, few, and stop" في ذيل القائمة.

هناك أوجه شبه ملحوظة بين هذه القائمة وقائمة ماكنالي، وتثبت الجزم الأساسي

القائم على أن جزءا كبيرا من مختلف النصوص يتكون من عدد محدود من الكلمات المتكررة.

على نفس الشاكلة، في مجال إدارة الأعمال، فإن المفردات الأساسية والضرورية تتكرر في النصوص المتعلقة بإدارة الأعمال إلى الحد الذي تشكل فيه نسبة كبيرة من هذه النصوص.

هذا الأمر يقود إلى استنتاج منطقي. إذا كانت (250) كلمة من الكلمات العامة تشكل في المتوسط 60 بالمائة من المواد التي يقرأها الكبار، فإن القاموس العملي في مجال إدارة الأعمال الذي يضمه هذا الكتاب، والذي يتكون من 307 كلمة، يجب أن يغطي - إضافة إلى كلمات عامة أخرى، مجموعة واسعة من المواضيع والمسائل في مجال الإدارة.

هذا يقودنا إلى أن نجزم أنه في معظم الأحوال، إن لم يكن كلها، يمكن لمجموعة من الكلمات المنتقاة بعناية - إضافة إلى أسلوب النطاق الذي يقدمه هذا الكتاب، أن تزودكم بأداة قوية تساعدكم على إنشاء مادة مكتوبة بشكل أفضل من مختلف الجوانب.

الفصل الرابع

أسلوب التعامل مع الامتحانات

The Examination Technique

وردت ببعض كتب الإدارة توصيات مختلفة لوضع أسلوب للتعامل مع الامتحانات (Examination Technique)، وهو مصطلح يُستخدم على نطاق واسع للإشارة إلى الخطوات الموصى بها وأساليب إدارة الوقت التي يتسنى للطلبة من خلالها التعامل مع ورقة الامتحان بطريقة أكثر فاعلية.

فيما يلي خلاصة هذه التوصيات وهي تشكل أسلوبا نمطيا للتعامل مع الامتحانات:

1. أقرؤوا التعليمات الواردة بورقة الامتحانات بعناية وتحققوا من الشئ المطلوب
2. تحققوا من عدد الأسئلة التي يجب عليكم الإجابة عليها
3. إقرأوا الأسئلة بسرعة وضعوا علامة على الأسئلة التي تثقون في قدرتكم على الإجابة عليها، حتى لو كان عدد هذه الأسئلة يقل عن العدد المطلوب
4. إذا كانت هناك أسئلة فرعية ببعض الأسئلة، ضعوا علامة على الأسئلة التي بها مزيد من الأسئلة الفرعية التي يمكنكم الإجابة عليها
5. إذا وضعتم علامات على عدد من الأسئلة يزيد عن العدد المطلوب، راجعوا الأسئلة والأسئلة الفرعية التي بها والدرجات المخصصة لكل منها. أختاروا الأسئلة التي من الممكن أن تحصلوا من خلالها على درجات أكثر
6. خصصوا وقتا مناسبا لكل سؤال
7. اختاروا أسهل الأسئلة وأقرأوه بعناية. حددوا النقاط والمسائل الصريحة والضمنية بالسؤال والأسئلة الفرعية به
8. ضعوا قائمة بالنقاط الرئيسية. رتبوا هذه النقاط بطريقة منطقية. إبدأوا بالإجابة على السؤال على هذا الأساس
9. أجيبوا على الأسئلة المختارة الأخرى بنفس الطريقة
10. راقبوا الوقت. حاولوا ما بوسعكم أن تلتزموا بالوقت المخصص لكل سؤال
11. عندما تجيبون على بعض الأسئلة، راجعوا الوقت مرة أخرى. تحققوا من عدد الأسئلة الإضافية التي يجب عليكم الإجابة عليها. أعيدوا تخصيص الوقت. خصصوا بضع دقائق للحظات الأخيرة
12. في حالة ضيق الوقت وما زال هناك سؤال أو أكثر للإجابة عليه، أختموا السؤال الذي تعملون عليه وأبدأوا في الإجابة على السؤال/الأسئلة المتبقية. أكتبوا النقاط أو الحجج الرئيسية وأعطوا شرحا موجزا لكل واحدة منهم (تحصلون على درجات أكثر بهذه الطريقة)

13. راجعوا ترقيم وتسلسل أوراق الإجابة
14. في حال توفر بضع دقائق لديكم، استغلوها في تعديل الأجوبة وعمل إضافات، خاصة الأجوبة القصيرة الأخيرة.

التوصيات المذكورة أعلاه تتعلق بالأسلوب التي يمكن من خلاله التعامل مع ورقة الامتحان بطريقة أكثر منهجية وكذلك إدارة الوقت المخصص.

يمكن لهذا الأسلوب أن يعمل فقط بمثابة أداة لإدارة الوقت. إلا أنه لا يساعد الطلبة والطالبات على تحديد النقاط الرئيسية، أو استذكار الحقائق أو حصيلة الكلمات/ المصطلحات، أو الأسلوب، رغم أنه يوصي الطلبة والطالبات بالقيام بذلك.

يمكن للطلبة توليد المحتوى باستخدام أسلوب النطاق (Ambit Technique)، ونموذج الإدارة (Management Model)، والكلمات الرئيسية. وعليه، تم تعديل أسلوب التعامل مع الامتحانات ودمجه مع مكونات أخرى لمساعدة الطلبة والطالبات على توليد المحتوى. تجدون ذلك في الفصل السابع من هذا الجزء.

الفصل الخامس

الكلمات الرئيسية

قائمة الكلمات الرئيسية:

قائمة الكلمات الرئيسية (الجدول 5.2) عبارة عن مجموعة من المفردات والمصطلحات والعبارات التي تم اختيارها بعناية باعتبارها القاسم المشترك في مجال الإدارة. يجب عدم الخلط بين هذه القائمة والقاموس العملي الذي يضم حصيلة الكلمات الأساسية والضرورية. الغرض من الكلمات الرئيسية هو أن تعمل مع النطاق (Ambit) للمساعدة في الإسهاب انطلاقا من العناوين التي يبرزها نموذج الإدارة، أو العناوين التي تتمخض عن استخدام النطاق (Ambit). أمثلة هذه الكلمات الرئيسية هي: البدائل، الافتراضات، القيود، المجال، والمصادر. يمكن لكل كلمة أن تولد العديد من الأفكار والعناوين الرئيسية ضمن سياق الموضوع أو المسألة.

في هذا الفصل، سوف نخطوا خطوة أخرى وندرس التفاعل ما بين الأسئلة الستة والتبعات (النطاق) The 6 Ws & O مع الكلمات الرئيسية. لهذه الغاية، نعرض تمرينا مبسطا من خلال المثال رقم 5.1.

في هذا المثال المبسط، يمكن استخدام الكلمات الرئيسية باعتبارها النقاط الرئيسية أو العناوين التي يمكن أن نبني عليها الإجابة. يمكننا، تحت كل عنوان، أن نثير الأسئلة والمسائل والإعتبارات ذات الصلة وأن نصيغ الإجابة حولها ضمن سياق السؤال. ثم يلي ذلك الدور الذي تلعبه «التبعات (O)»، وذلك من خلال عرض المزايا أو العيوب أو التبعات المتوقعة من التوصيات المُقدّمة، من حيث الكم، والنوع، والتوفير، والتوقيت، وإعطاء التبريرات لهذا التقييم.

المثال رقم 5.1

استخدام الأسئلة الستة والتبعات (النطاق) The 6 Ws & O مع الكلمات الرئيسية

<table>
<tr><td colspan="2">السؤال: أكتب مقالة قصيرة عن كيفية القيام بعملية إعادة هندسة للإجراءات في مؤسسة ما.
الخطوة الأولى: حددوا أنسب الكلمات الرئيسية لهذا الموضوع. في نموذج الإدارة، تحت عنوان إعادة هندسة الإجراءات، ستجدون الكلمات: التكلفة، السرعة، الجودة، والإنتاجية. عندما تستخدمون هذه الكلمات مع الأسئلة الستة والتبعات (النطاق) The 6 Ws & O، يمكنكم توليد الكثير من الأسئلة المشابهة لما يلي:</td></tr>
<tr><td>السرعة Speed:
ما هي سرعة الإنتاج؟
هل هذه السرعة ثابتة طيلة الوقت؟ هل هناك اختلافات حسب نوبة العمل أو الموسم (متى)؟
هل تُعتبر بطيئة؟ لماذا هي بطيئة؟
هي يُعزى ذلك لأساليب العمل غير الملائمة (لماذا)؟
لماذا يُستخدم أسلوب العمل هذا؟
هل يُعزى ذلك لعدم كفاءة العاملين/عدم تدريبهم (من)؟
هل يتباطأ الإنتاج أثناء نوبة عمل معينة (متى)؟
كيف يمكن التخفيف من المشكلة؟ هل من خلال إعادة ترتيب نوبات العمل (متى)، أو تدريب العاملين (من)، أو تحسين أساليب العمل (كيف)؟
ما هي التكنولوجيا المستخدمة؟ ما هي أيجابيات وسلبيات (O) التكنولوجيا من حيث التكلفة، والسرعة، وجودة الإنتاج، والإنتاجية؟</td><td>التكلفة: Cost
ما هي مكونات التكلفة (ماذا)؟
هل هذه المكونات تظل ثابتة في كل الأوقات (متى)؟
هل هناك اختلافات حسب نوبة العمل أو الموسم (متى)؟ هل هناك عمل إضافي (متى)؟
المكان (أين)؟ هل هناك مبنى مُستأجر (أين)؟
هل تُعتبر التكاليف عالية (ما هي التكلفة)؟
لماذا التكلفة عالية؟ هي يُعزى ذلك لأساليب العمل غير الملائمة (لماذا)؟ أو يُعزى لعدم كفاءة العاملين/عدم تدريبهم (من)؟
ما تبعات ذلك (O) على الأسعار، والمبيعات، إلخ ؟
ما هي الضوابط المطبقة؟
ما هي وتيرة (متى) تطبيق هذه الضوابط؟
كيف تُطبق هذه الضوابط والسياسات والإجراءات؟
من المسئول عن رقابة التكلفة؟
ما هي إيجابيات وسلبيات (تبعات «O») هذه الضوابط؟</td></tr>
<tr><td>الإنتاجية Productivity:
ما هو مقدار إنتاجية العملية؟ هل هناك اختلافات حسب نوبة العمل أو الموسم (متى)؟
ما هو السبب (لماذا) في تدني الإنتاجية؟
كيف يمكن رفع الإنتاجية؟ من هم المعنيون؟ ما مدى تحفزهم للعمل؟
هل يُعتبر تصميم المكان (أين) ملائما؟
ما هي دورة المُنتَج (متى)؟ ما هي الأساليب المستخدمة (كيف)؟ ولماذا؟</td><td>الجودة Quality:
ما هي المعايير؟ كيف تُستوفى هذه المعايير؟
كيف يُطبق ضمان الجودة ورقابة الجودة؟
ما هي أسباب (لماذا) تدني الجودة، إن كان الأمر كذلك؟ ما هو تأثير تدني النوعية على المبيعات؟
من هم الأشخاص المعنيون، أو ماهي العمليات المعنية؟</td></tr>
</table>

يُلاحظ من المثال رقم 5.1 أن بعض الأسئلة أو النقاط التي تمت إثارتها خلال هذا التمرين متداخلة أو متكررة، ويتعين استبعاد النقاط المكررة على نحو ملائم. ويُلاحظ أيضا أنه تم توليد العديد من الكلمات الرئيسية الأخرى أثناء هذا التمرين، وقد لعبت

هذه الكلمات دورا. أمثلة ذلك تشمل البدائل والخصائص. هذا الأمر يبين العلاقة المنطقية بين الكلمات الرئيسية والمسائل والأسئلة التي يمكن للنطاق (Ambit) أن يثيرها. وهذا يقودنا إلى مفهوم آخر وهو الأعماق Depths.

الأعماق Depths:

كما ذكر آنفا، النطاق (Ambit) عبارة عن إطار يضم جوانب التعريف، والأشخاص المعنيين، والأسباب، والمكان، والزمان، والتبعات المتعلقة بمسألة أو موضوع ما. من جانب آخر، تتفاعل الكلمات الرئيسية مع النطاق (Ambit) لتوليد المزيد من الأفكار. هناك تسع من هذه الكلمات، موضحة بالجدول رقم 5.1، تشكل الأعماق Depths ضمن إطار النطاق (Ambit).

الجدول 5.1:

الأعماق Depths

Scope المجال	Factors العوامل	Comparisons المقارنات
النوايا أو الأهداف أو حدود التعامل مع مسألة أو موضوع، أو مستوى التغطية أو التعاطي المطلوب	المسائل أو الجوانب المثيرة للقلق أو القوى التي تؤثر على تحقيق نتيجة ما أو تحد من ذلك، أو تؤدي إلى حالات أو قرارات معينة	عملية مقارنة شئ مع شئ آخر لتحديد أوجه الفرق أو الشبه بينهما
Elements العناصر	Forms/Types الأشكال/الأنواع	Characteristics الخصائص
مكونات أو أجزاء أو أوجه المسألة أو الموضوع أو الشئ	أنواع أو فئات الشئ أو المجموعة التي ينتمي إليها	صفات الشئ أو مزاياه أو نوعيته
Assumptions الافتراضات	Alternatives البدائل	Constraints القيود
الأشياء المسلم بها جدلا، أو الفرضيات أو الاستنتاجات التي يُبنى عليها إجراء معين	الخيارات المتاحة أو إجراءات العمل الممكنة	القيود والضوابط المعمول بها

هذه الأعماق تمكنكم من دراسة المسألة أو الموضوع بمزيد عن العمق وأن تنظروا اليهما من جوانب وزوايا مختلفة. فهي تمكنكم من القيام بمقارنات، والتفكير في البدائل، والنظر في الخصائص. يتمخض عن ذلك تغطية أوسع وأعمق، وبالتالي تخطو بكم خطوة أخرى باتجاه التغطية الكبيرة للمادة المكتوبة. المثال 5.2 يوضح هذه العملية من خلال تطبيق الأعماق Depths على نفس الموضوع الذي تناولناه في المثال رقم 5.1.

المثال رقم 5.2

تطبيق الأعماق Depths

الأعماق Depths	المسائل / الأسئلة التي أُثيرت
Scope المجال	تحققوا من مجال المسألة أو الموضوع. هل يشمل المجال، على سبيل المثال، مراجعة التكنولوجيا والآلات المستخدمة، أم ينحصر في إدخال تحسينات ضمن الموارد والترتيبات الحالية؟
Assumptions الافتراضات	تحققوا عما إذا كانت هناك افتراضات أو استنتاجات معينة متعلقة بالأمر، مثلاً الالتزام بسياسة تقوم على عدم إنهاء خدمات العاملين الزائدين عن الحاجة
Elements العناصر	تم تحديد العناصر باعتبارها التكلفة، والسرعة، والجودة، والإنتاجية. يتعين تحديد العناصر ضمن كل عنصر. على سبيل المثال، عناصر الجودة تشمل الحجم، والوزن، والأداء، إلخ.
Factors العوامل	استكشفوا العوامل ذات الصلة بالدراسة بشكل عام، إن وجدت، وكذلك العوامل المتعلقة بكل عنصر من العناصر. على سبيل المثال، العوامل التي تؤثر على التكلفة، والسرعة، والإنتاجية، والنوعية.
Forms/Types الأشكال/الأنواع	حددوا أنواع الآلات المستخدمة، والتكنولوجيا المطبقة، إلخ.
Characteristics الخصائص	تحققوا من جودة الآلات، وسمات مناهج العمل، إلخ.
Comparisons المقارنات	حددوا كيف تُقارن هذه العملية مع العمليات الأخرى بالمؤسسة من حيث الكفاءة، وفعالية التكلفة، إلخ.، وكيف تُقارن مع العمليات المشابهة في المؤسسات المشابهة (مقارنة معيارية «benchmarking») من حيث الإنتاجية، النوعية، إلخ.
Alternatives البدائل	استكشفوا الخيارات أو البدائل المتاحة، أو إجراءات العمل الممكنة فيما يتعلق بكل عنصر من العناصر. على سبيل المثال، ضوابط التكلفة البديلة، التكنولوجيا البديلة، مناهج العمل البديلة، إلخ.
Constraints القيود	تحققوا من القيود أو المحددات أو الضوابط المعمول بها. على سبيل المثال، سرعة الآلات والموارد المالية (قيود داخلية) والتشريعات السارية وتوفر المواد الخام (قيود خارجية)

يمكن عرض الدور الذي تلعبه الأعماق Depths ضمن إطار النطاق (Ambit) على هيئة رسم بياني. تخيلوا المسألة أو الموضوع قيد البحث باعتباره شكلاً متعدد الأضلاع. يشكل النطاق (Ambit) الإطار أو الهيكل لهذا الشكل، بينما تشكل الأعماق Depths التفاصيل الكامنة بداخله. الشكل 5.1 يوضح هذا الأمر.

الشكل 5.1: الأعماق Depths

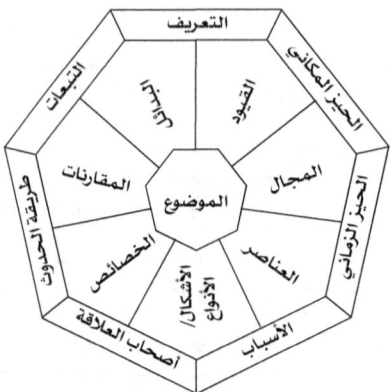

قائمة الكلمات الرئيسية:

الجدول 5.2

النوعية Quality/Qualitative	Customer, focus on التركيز على الزبون	Added Value القيمة المضافة
الكمية Quantity/Quantitative	Cycles دورات الحياة	Alternatives البدائل
Risks المخاطر	Efficiency الكفاءة	Assumptions الافتراضات
Roles/Respnsibilities الأدوار/المسئوليات	Elements of العناصر	Benchmarking المقارنة المعيارية
Safety & Health السلامة والصحة	Factors العوامل	Change Management / Leadership إدارة التغيير/القيادة
Scope المجال	Forms /Types of الأشكال/الأنواع	Characteristics الخصائص
Short Term vs. Long Term المدى القصير/المدى الطويل	Legislation/Rules التشريعات النظم	Comparisons المقارنات
Sources المصادر	Macro vs. Micro Level المستوى الكلي أم الجزئي	Competition المنافسة
Speed السرعة	Market Share, Growth, Segments الحصة السوقية، النمو، القطاعات	Constraints القيود
Stakeholders أصحاب المصلحة	Marketing Mix المزيج التسويقي	Control السيطرة/الضوابط
SWOT تحليل مواطن القوة ومواطن الضعف والفرص والتهديدات	Performance الأداء	Cost - Benefit Analysis تحليل منفعة التكاليف
Technology التكنولوجيا	Productivity الإنتاجية	Creative Thinking التفكير الابداعي
		Total Quality Management إدارة الجودة الشاملة

الفصل السادس

الأفعال التي تستدعي اتخاذ إجراء (Action Verbs)

كثيرا ما تشمل الأسئلة المفتوحة وكتابة المقالات أحد الأفعال التي تطلب منكم اتخاذ إجراء محدد فيما يتعلق بالسؤال. على سبيل المثال، قد يطلب منكم السؤال أن: تناقشوا، أو تقارنوا، أو تقيموا، أو تصفوا، أو تشرحوا، أو تلقوا الضوء. كثيرا ما تلاقون مثل هذه الأفعال في الأسئلة المفتوحة. من الضروري فهم هذه الأفعال عن ظهر قلب وأن تدركوا ما يعنيه كل واحد منهم بالضبط. يحتوي الجدول 6.1 على قائمة بالأفعال التي ستصادفكم كثيرا في الامتحانات، وما يعنيه كل واحد منهم.

الجدول 6.1:

الأفعال التي تستدعي اتخاذ إجراء (Action Verbs):

الفعل الذي يستدعي اتخاذ إجراء (Action Verb)	المعنى Meaning
Advise قدموا توصية أو وجهة نظر	قدموا توصية؛ أعطوا وجهة نظر تستند إلى معرفة أو خبرة
Analyze حلّلوا	استكشفوا وناقشوا وقارنوا بين الجوانب المختلفة للموضوع
Assess قيّموا	زنوا أهمية الفكرة أو المفهوم أو الموضوع، وناقشوا إيجابياته وسلبياته
Compare قارنوا	وضحوا كيف تُقارن الأفكار أو المفاهيم أو الأشياء قيد البحث مع بعضها البعض من حيث أوجه الشبه والاختلافات بينها
Contrast غايروا	وضحوا التفاوت بين الأفكار أو المفاهيم أو الأشياء
Criticize انتقدوا	اعطوا وجهة نظر مسنودة بالأدلة عن المسألة قيد البحث من خلال تقييم جدارتها وأهميتها
Define عرّفوا	اعطوا المعنى المحدد للمصطلح قيد البحث، أو اعطوا وصفا لشئ ما
Describe صفوا	اعطوا شرحا وافيا لشئ ما
Discuss ناقشوا	بينوا حججكم بخصوص الجوانب المختلفة للموضوع
Distinguish ميّزوا	حددوا أوجه الاختلاف بين الأشياء قيد البحث
Enumerate أسردوا	فصّلوا وأشرحوا الجوانب ذات الصلة بالمسألة
Examine تدارسوا	أمعنوا النظر في الموضوع وأعطوا بيانا شاملا عنه
Evaluate ثمّنوا	قيّموا الموضوع بعناية وعبروا عن وجهة نظركم وأساسها
Illustrate وضّحوا	اشرحوا المسألة ووضحوا أسس تصريحاتكم أو حججكم
Interpret فسّروا	وضحوا المسألة أو معناها، وأعطوا تفسيرا من خلال المقارنات والتقييم
Outline أوجزوا	أعطوا موجزا للنقاط الرئيسية أو الأفكار أو المفاهيم، إلخ.
Prove أثبتوا	أدعموا حجتكم بالأدلة أو الحقائق
Review راجعوا	ادرسوا الموضوع وقيموا جوانبه المختلفة
State بيّنوا	اشرحوا المسألة قيد البحث بصورة محددة
Summarize لخّصوا	اعطوا ملخصا للموضوع أو المسألة، مشيرين فقط إلى النقاط أو الحجج أو الاستنتاجات الرئيسية
Trace تتبّعوا	حددوا تسلسل الأحداث، أو العلاقة بين الأشياء، أو جذور الشيء أو أسبابه

الفصل السابع

استخدام أسلوب النطاق

(Ambit Technique)

ناقشنا في الفصلين الثاني والثالث من هذا الجزء تحديات الأسئلة المفتوحة، والبحوث الأساسية، وألقينا بعض الضوء على أسلوب النطاق والغرض الذي يخدمه.

يتعلق هذا الفصل بعملية استخدام أسلوب النطاق.

أولا، تجدر الإشارة إلى أن أسلوب النطاق (Ambit) عبارة عن أداة للكتابة، الا أنه لا يُعتبر بديلا للمعرفة والإعداد الجيد. فبعض أسئلة الامتحانات تنحصر في مفهوم محدد، أو تعريف تتعين معرفته عن ظهر قلب. فالأسئلة المتعلقة بنظريات التحفيز، ومبادئ المحاسبة، ومبادئ الإدارة تُعتبر بعض الأمثلة عن ذلك. على الرغم من ذلك، فإن مثل هذه المواضيع تنطوي على بعض جوانب النطاق (Ambit). فعلى سبيل المثال، تتعلق نظريات التحفيز بالأشخاص (مَنْ)، وأنماط سلوكهم - أي طريقة الحدوث (كيف)، و (لماذا) يتصرف الأشخاص بالطريقة التي يتصرفون بها. علاوة على ذلك، يتعين شرح أو تعريف كل نظرية، وتحديد سلبياتها وإيجابياتها (التبعات "O"). على أية حال، فإن جانبي المكان والزمان لا ينطبقان بشكل صريح في مثل هذه الحالات.

السؤال التالي من معهد الشئون الإدارية بالمملكة المتحدة يُعتبر مثالا للمواضيع التي تنطوي على معرفة محددة:

«إن تطبيق الهندسة البشرية (Ergonomics) في مؤسسة ما يتطلب أكثر بكثير من مجرد التأكد من اتباع لوائح الصحة والسلامة. ناقش».

أولا، يتعين عليكم معرفة المعنى المحدد للهندسة البشرية. ثانيا، يتعين عليكم الإلمام بمختلف العوامل والاعتبارات التي ينطوي عليها تطبيق الهندسة البشرية. على أية حال، يمكن للنطاق (Ambit) أن يوجّه إجابتكم. ابدأوا بتعريف مصطلح الهندسة البشرية. من ثم، استكشفوا الجانبين المكاني والزماني للهندسة البشرية وتأثير هذه الأخيرة على الأشخاص المعنيين. بالاضافة الى ذلك، فكروا ملياً في أسباب استخدام الهندسة البشرية وأهدافها وكيفية تطبيقها. وأخيرا، استكشفوا نتائجها وفوائدها التي تشمل ظروف عمل أفضل، وإصابات أقل، ورضى الموظفين، وزيادة الإنتاجية.

إذا طُلب منكم أن تأتوا بتعريفكم الخاص لشئ ما، فإن استكشاف جوانب النطاق (Ambit)، واحدا تلو الآخر، سيكون مفيدا جدا. سوف يمكنكم ذلك، بطريقة منهجية، من استحضار ما تعرفونه عن ذلك الشئ، إذ أن استكشاف كل جانب من جوانب النطاق (Ambit) سيقودكم إلى تذكر حقائق معينة بخصوص ذلك الأمر، وتقومون بكتابة هذه

الحقائق. عندما تنتهون من استكشاف كافة الجوانب، ستكون لديكم الحقائق ذات الصلة والتي تحتاجونها لتصيغوا تعريفكم الخاص. وبعد ذلك، كل ما يتعين عليكم القيام به هو دمج هذه الحقائق في جمل صحيحة حتى يتسنى لكم صياغة التعريف. المثال رقم 7.1 يبين هذه العملية.

المثال رقم 7.1

استخدام أسلوب النطاق

السؤال: عرّفوا «المصرف»

أولا، يتعين عليكم استكشاف جوانب النطاق (Ambit) وأن تحاولوا ربط كل جانب مع ما تعرفونه عن المصارف. سوف يتمخض التحليل المتأني عن نتيجة شبيهة بما يلي:

1. التعريف/ التحديد: مؤسسة مالية
2. الجانب المكاني: عادة ما تكون فروع المصرف في مواقع ملائمة
3. الجانب الزماني: عادة ما تُقدم الخدمات أثناء ساعات العمل الرسمية
4. الأشخاص المعنيون: متخصصون في الشئون المالية يقدمون خدمات للشركات والأفراد
5. الأسباب: لمساعدة العملاء على تنظيم أمورهم المالية، ولتحقيق مكاسب مالية
6. طريقة الحدوث: من خلال استخدام أنظمة مالية متقدمة
7. النتائج/التبعات: منافع مالية متبادلة بين المصرف وعملاءه

ثانيا، بإمكانكم الآن دمج هذه الجوانب بطريقة منطقية. بناءا على ذلك، فإن تعريف «مصرف» سيكون شبيها لما يلي:

«المصرف عبارة عن مؤسسة مالية تستخدم متخصصين في الشئون المالية وتطبق نظماً مالية متقدمة بهدف مساعدة الشركات والأفراد على تنظيم أمورهم المالية وتحقيق مكاسب مالية متبادلة. وهو عادة ما يقدم خدماته أثناء ساعات العمل الرسمية من خلال أفرع في مواقع مناسبة».

لكي تضمنوا تغطية ملائمة لمسألة أو موضوع ما، يتعين عليكم أن تقوموا بشكل متأنٍ باستكشاف كافة جوانب النطاق (Ambit)، أي الـ (6Ws & O). سوف يساعدكم ذلك على إثارة الأسئلة الملائمة، والحصول على الأجوبة ذات الصلة، وصياغة مادة ملائمة تكون ضمن السياق المحدد.

أخيرا، كما يمكن الاستدلال من المثال رقم 7.1، فإن فائدة النطاق (Ambit) لا تنحصر فقط في مجال إدارة الأعمال، إذ يمكن استخدامه في العديد من المجالات والحالات الأخرى.

عندما تستوعبون أسلوب النطاق (Ambit) والأعماق (Depths) بالإضافة الى نموذج الإدارة (Management Model) والكلمات الرئيسية (Key Words)، علاوة على القاموس العملي (Practical Lexicon) ستكون لديكم أداة فعالة تساعدكم على الكتابة في بيئتي العمل والامتحانات على حد سواء.

علاوة على ذلك، سيكون من المفيد للطلاب أن يمارسوا استخدام أسلوب النطاق قبل الجلوس للامتحان. سيساعدهم ذلك على حفظ نموذج الإدارة والكلمات الرئيسية، الأمر الذي يُعتبر ضروريا. من جانب آخر، فإن القيام بمراجعة القاموس العملي مرارا وتكرارا سيساعد الطلبة والطالبات على التعود على القاموس والإلمام به بدرجة تقارب الحفظ الكامل.

سنفترض في العملية التالية أن القراء قد قاموا بواجبهم من حيث الدراسة والمراجعة وأنهم قد استوعبوا هذه المفاهيم واستصحبوها على النحو الموضح آنفا. ستلاحظون أثناء هذه العملية أن الخطوة المتعلقة باستخدام النطاق والأعماق مع الكلمات الرئيسية قد يتعين تكرار استخدامها في كل مرة يتم التعامل مع مسألة أو نقطة أو حجة جديدة. سوف يساعد ذلك على توليد المزيد من الأفكار ضمن كل سياق من السياقات.

استخدام أسلوب النطاق في الامتحان:

1. إقرأوا التعليمات الواردة بورقة الامتحانات بعناية وتحققوا من الشئ المطلوب. ركزوا على الأفعال التي تستدعي اتخاذ إجراء (Action Verbs)، إن وُجدت، مثل أوجزوا (Outline) أو صفوا (Describe) (الجدول 6.1 بالفصل السادس)
   أ. تيقنوا من عدد الأسئلة التي يتعين الإجابة عليها
   ب. إقرأوا الأسئلة بسرعة وضعوا علامة على الأسئلة التي تثقون في قدرتكم على الإجابة عليها، حتى لو كان عدد هذه الأسئلة يقل عن العدد المطلوب
   ج. إذا كانت هناك أسئلة فرعية ببعض الأسئلة، ضعوا علامة على الأسئلة التي بها مزيد من الأسئلة الفرعية التي يمكنكم الإجابة عليها
   د. إذا وضعتم علامات على عدد من الأسئلة يزيد عن العدد المطلوب، راجعوا الأسئلة والأسئلة الفرعية التي بها والدرجات المخصصة لكل منها. أختاروا الأسئلة التي من الممكن أن تحصلوا من خلالها على درجات أكثر. خصصوا وقتا مناسبا لكل سؤال.
   هـ. خصصوا بضع دقائق للحظات الأخيرة

2. اختاروا أسهل الأسئلة وأقرأوه بعناية. حددوا النقاط والمسائل الصريحة والضمنية، وضعوا في الاعتبار الأفعال التي تستدعي اتخاذ إجراء (Action Verbs)
   أ. حددوا عدد الأسئلة الفرعية ضمن ذلك السؤال
   ب. حددوا نطاق (Ambit) السؤال. اكتبوا النقاط الرئيسية التي تخطر ببالكم. ركزوا على الأفعال التي تستدعي اتخاذ إجراء (Action Verbs)

ج. استذكروا نموذج الإدارة. حاولوا الربط بين السؤال وواحد أو أكثر من العناوين الواردة في نموذج الإدارة

د. إبداوا في استخدام النطاق والأعماق (Ambit and Depths) مع الكلمات الرئيسية (Key Words) (سيكون من الضروري حفظها) حاولوا الربط بين النقاط التي كتبتوها وبين المفاهيم والمسائل والمواضيع الأخرى

هـ. اكتبوا كل النقاط الرئيسية التي تخطر ببالكم. ثم أنظروا إلى السؤال مرة أخرى وقوموا بمراجعة سريعة للنقاط الرئيسية التي كتبتوها. أخذفوا النقاط غير الضرورية أو المتكررة

و. رتبوا النقاط بتسلسل منطقي. حددوا العناوين الرئيسية والعناوين الفرعية حسب الاقتضاء

ز. أجيبوا على السؤال بالتسلسل المطلوب (حسب الاقتضاء)

ح. اكتبوا بثقة ووضوح. أدعموا حججكم بالبراهين

ط. التزموا بصلب الموضوع. تجنبوا المسائل التي تُعتبر خارج السياق. أحرصوا على القواعد اللغوية والإملاء وعلامات التنقيط الصحيحة، واكتبوا بوضوح

ي. قد تخطر على بالكم نقاط أخرى ذات صلة بالموضوع أثناء قيامكم بالكتابة. أضيفوا تلك النقاط إلى النقاط التي كتبتموها

ك. راقبوا الوقت المخصص للسؤال. حاولوا قدر المستطاع الالتزام بالوقت

ل. راجعوا إجابتكم وقوموا بالتعديلات الضرورية

3. أجيبوا على الأسئلة المختارة الأخرى بنفس الطريقة الواردة في (2) أعلاه. أتركوا سطورا خالية بين كل سؤال وآخر لأية إضافات تقومون بها في الأخير

4. تحققوا من عدد الأسئلة الأخرى التي يجب عليكم الإجابة عليها. تحققوا من الوقت واعيدوا تخصيصه. خصصوا بضع دقائق للحظات الأخيرة

أ. الآن، بما أنكم قد أجبتم على بعض الأسئلة، فقد تكونت لديكم ثقة أكبر وقمتم بتمرين ذهنكم. عندما تنظرون مرة أخرى إلى بقية الأسئلة، سوف تشعرون بثقة أكبر في إجراء اختيارات أفضل عما كان عليه الحال في البداية. ألقوا نظرة على الأسئلة المتبقية واختاروا منها. إبداوا بالسؤال الأول. استعرضوا نموذج الإدارة والكلمات الرئيسية في ذهنكم بشكل سريع. اكتبوا النقاط التي تخطر ببالكم. حاولوا بسرعة الربط بين النقاط التي كتبتموها وبين المفاهيم والمسائل والمواضيع الأخرى ذات الصلة. اكتبوا النقاط التي تخطر ببالكم

ب. إذا وثقتم في تمكنكم من مادة السؤال، أجيبوا عليه على النحو الوارد في (2)

أعلاه. فيما عدا ذلك، اعيدوا العملية الواردة في (4 أ) على سؤال آخر، ثم الذي يليه

ج. تأكدوا من أنكم قد أجبتم، أو بدأتم في الإجابة، على العدد المطلوب من الأسئلة

5. تحققوا من الوقت

أ. في حالة ضيق الوقت وما زال هناك سؤال أو أكثر للإجابة عليه، أختموا السؤال الذي تعملون عليه وأبدأؤا في الإجابة على السؤال/الأسئلة المتبقية. أكتبوا النقاط الرئيسية وأعطوا شرحا موجزا لكل واحدة منهم. (تحصلون على درجات أكثر بهذه الطريقة)

ب. تحققوا من الوقت مرة أخرى أثناء قيامكم بالكتابة. ووفروا دقيقتين للخطوة الأخيرة

6. استخدموا الوقت المتبقى (إن تبقى لديكم وقت) في إضافة نقاط أخرى ذات صلة بإجابتكم

في نهاية الامتحان، استخدموا الدقيقتين المتبقيتين للتأكد من الترقيم والترتيب السليم لأوراق الأجوبة، ومن ثم كتابة اسمكم ورقمكم بشكل واضح.

الجزء الثالث
القاموس العملي لإدارة الأعمال
Practical Lexicon

مقدمة

ليس الغرض من القاموس العملي أن يضم كل كلمة أو مصطلح وارد بقواميس الإدارة. بل يهدف إلى توفير قائمة سهلة الاستخدام تضم مصطلحات الإدارة الأساسية في سياق معظم الامتحانات والمواد المكتوبة في أماكن العمل.

بشكل عام، تمتاز قائمة المصطلحات هذه عن معظم قواميس الإدارة بأنها تستبعد الآتي:

1. الكلمات البديهية والمستخدمة على نطاق واسع، مثل البنك، الحساب البنكي، إلخ.
2. العبارات التي يتم تشكيلها بالطريقة المعتادة، مثل عبارة «انعدام الطلب»
3. الكلمات والمصطلحات نادرة الاستخدام

تجدر الإشارة إلى أنه ليس بمقدور أية قائمة أن تستوفي احتياجات كافة القراء. إلا أننا حرصنا على أن توفر القائمة تغطية كبيرة لطائفة واسعة من المواضيع المتعلقة بإدارة الأعمال

كيفية استخدام القاموس العملي

هذا القاموس مصنف بشكل أساسي حسب الحروف الأبجدية، ألا أننا حرصنا على موائمته لاحتياجات الطلبة والطالبات والممارسين بأفضل طريقة ممكنة.

لهذه الغاية، فإن المصطلحات والعبارات المُشتقة من مصطلحات معينة أو مرتبطة بشكل وثيق بمواضيع معينة، قد تم إدراجها تحت تلك المصطلحات أو المواضيع بغض النظر عن ترتيبها حسب الحروف الأبجدية. على سبيل المثال، تحت مصطلح Accounting، تم إدراج المصطلحات Financial Accounting و Management Accounting. علاوة على ذلك، تحت مصطلح Accounting، تمت إضافة مصطلحات أخرى لا تشتمل على كلمة Accounting، ولكنها ترتبط بها بشكل مباشر، مثل Financial Management و Cash Flow. وتحت مصطلح Human Resources Management (HRM) تم أيضا إدراج المفاهيم والإجراءات والمسائل ذات الصلة. على أية حال، فإن المصطلحات العامة بطبيعتها والتي يمكن أن تكون مفيدة في العديد من السياقات، قد تم ترتيبها بحسب الحروف الأبجدية.

لذلك نوصي بما يلي لتحقيق الاستفادة القصوى من القائمة:

1. استعرضوا القائمة عدة مرات لكي يكون لديكم المام بطريقة ترتيب الكلمات ومنطق هذا الترتيب
2. عندما تدرسون مادة معينة، اذهبوا مباشرة إلى المصطلح الرئيسي، مثل Accounting أو HRM، إلخ. إذا أردتم معرفة كلمات أخرى غير المدرجة تحت الموضوع المعين، يمكنكم البحث عنها حسب الحروف الأبجدية
3. في حالة قيامكم بالكتابة حول أحد المواضيع، أو إذا كنتم ستجلسون لإمتحان معين، إذهبوا إلى المصطلحات الرئيسية تحت ذلك الموضوع وأدرسوها جيدا. من ثم، استعرضوا بقية القائمة لتحددوا أية كلمات أو مصطلحات أخرى يمكن أن تكون مفيدة في الموضوع قيد البحث

القاموس العملي

A

Accounting (المحاسبة) التسجيل المنهجي للمعاملات المالية للمؤسسة بموجب مبادئ ومعايير معتمدة، ومن ثم تلخيصها في تقارير وكشوفات تعكس الموقف المالي للمؤسسة في تاريخ معين وأداءها خلال الفترة المحاسبية/العام المالي.

- **Financial Accounting** (المحاسبة المالية) تهدف إلى إصدار تقارير إلى أصحاب الأسهم حول الأداء العام للمؤسسة. تصدر هذه التقارير بشكل رئيسي على هيئة **Profit and Loss Account** «حساب الربح والخسارة» و **Balance Sheet** «الميزانية العمومية.»
- **Cost Accounting** (محاسبة التكاليف) فرع من المحاسبة الإدارية يتعلق بتحديد تكلفة المُنتَجات أو العمليات، أو تقدير تلك التكلفة. وهو ينطوي على تحديد مكونات التكلفة، مثل المواد والأيدي العاملة، والتكاليف العامة، إلخ، وتحديد أو تقدير القيمة المادية لكل مكون من هذه المكونات.
- **Financial Management** (الإدارة المالية) فرع من الإدارة يتعلق بالتخطيط والرقابة الشاملة للعمليات المالية بالمؤسسة. وهو يهدف إلى الحصول على الأموال للمؤسسة واستغلالها بالطريقة التي تحقق أعلى الأرباح.
- **Management Accounting** (المحاسبة الإدارية) تهدف إلى تزويد إدارة المؤسسة بمعلومات تفصيلية تساعدهم على اتخاذ قرارات مدروسة بخصوص التخطيط للمؤسسة والرقابة على مختلف عملياتها.
- **Accounting Ratio** (النسب الحسابية) طريقة لتحديد العلاقة بين الأرقام الحسابية من خلال وضع رقم ما باعتباره مُعدّل أو نسبة مئوية من رقم آخر.
- **Accounting Standards** (معايير المحاسبة) مبادئ تهدف إلى توحيد المعالجة المحاسبية للأرقام الواردة بدفاتر الحسابات للمؤسسة، وذلك لضمان الاتساق في إصدار تقارير الربح والخسارة.
- **Cash Flow** (السيولة النقدية أو التدفق النقدي) حركة المبالغ النقدية التي تدخل إلى المؤسسة وتخرج منها. المبالغ الداخلة إلى المؤسسة تكون في شكل المبالغ الواردة عن المبيعات وغيرها من مصادر الدخل، بينما تكون المبالغ الخارجة في شكل دفعات لشراء المواد وغير ذلك من المنصرفات.
- **Allocation** (التخصيص) عملية محاسبية يتم بموجبها توزيع التكاليف والإيرادات بين مختلف المنتجات والعمليات والأقسام والوحدات، إلخ. بطريقة متفق عليها.

Accruals (الحسابات المستحقة) المنصرفات التي تم تكبدها ولكنها لم تُدفع بعد

ويجب تضمينها في النتائج المحاسبية لفترة تجارية أو مالية معينة.

Accumulated fund (الأموال المتراكمة) تشير إلى رأس المال والأرباح المحتجزة/ المُستبقاة التي تراكمت على مدى السنين لدى مؤسسة غير ربحية.

Acquittance (براءة ذمة) براءة ذمة مكتوبة تفيد بالوفاء أو التسديد الكامل لدين أو غيره من أشكال المسئولية أو الالتزامات المالية.

Activity level (مستوى النشاط) القدرة الإنتاجية للمؤسسة أو الوحدة الإنتاجية، وتُحسب على أساس كمية الإنتاج أو الموارد المتوفرة، مثل ساعات العمل، ساعات عمل الماكينات، القدرة الإنتاجية للماكينات، إلخ.

Advertising (الإعلانات) إطلاع المشترين، عن طريق وسائل الإعلام وغيرها من القنوات، بطبيعة وخصائص المُنتَج/العلامة التجارية وحثهم على الشراء لكي ترفع المؤسسة من مبيعاتها.

- Advertising Effectiveness Test (اختبار فعالية الإعلانات) قياس للتأثير الفعلي، أو تقدير للتأثير المحتمل، للإعلانات على مبيعات منتجات المؤسسة.
- Advertising Platform (خطة الإعلان) أكثر سمات المُنتَج اقناعاً وتُعتبر ملائمة لاحتياجات المستهلكين المُستَهدَفين.
- Advocacy Advertising (إعلانات مناصرة للقضايا) نهج إعلاني يهدف إلى تشجيع مُعتَقَد أو إجراء معين من جانب المتلقين.

Agenda (جدول الأعمال) قائمة بالنقاط أو المسائل المُزمَع مناقشتها في إجتماع.

Agent (الوكيل) وسيط يستخدمه شخص أو مجموعة من الناس أو مؤسسة لترتيب عقد بينهم وبين طرف ثالث.

Allotment (التخصيص) تخصيص الأسهم الصادرة حديثاً لحملة الأسهم.

Allowance (عدة معاني - أدناه)

1. عند احتساب الوقت المعياري (Standard Time) المطلوب لأداء مهمة أو القيام بعمل ما، يتم احتساب وقت إضافي Allowance (فترة سماح/وقت احتياطي) لمراعاة الاحتياجات البشرية والظروف القاهرة بالعمليات.
2. دفعة إضافية (علاوة) للموظف للموظف كتعويض عن متاعب أو مخاطر معينة، مثل «علاوة المناوبة» أو «علاوة الخطر»
3. المواد أو المكونات الإضافية لتغطية الخسائر أو الفقدان والتي تُضاف إلى كمية المواد أو المكونات (المواد الأساسية) المطلوبة لإنتاج سلعة ما.
4. الإعفاءات الضريبية التي تمنحها سلطات الضرائب للأشخاص الذين يقل دخلهم عن مستويات معينة، وللمؤسسات التي تستثمر في مصانع/معامل أو ماكينات أو معدات جديدة.

Amalgamation (الدمج) شكل من أشكال النمو الخارجي (طالعوا "Growth") حيث تتفق مجموعة من المؤسسات، التي تعمل في نفس الصناعة أو في صناعات مختلفة، على الاندماج لتكوّن مؤسسة أكبر وتدمج مصادرها حتى تحقق مكاسب من حيث تخفيض التكاليف، وزيادة حصتها في السوق، إلخ. يُستخدم أيضا المصطلح البديل Merger للإشارة إلى نفس المعنى.

Analysis (التحليل) الدراسة النقدية والمتأنية لمختلف الجوانب والتفاصيل المتعلقة بأمر ما.

- Breakeven Analysis (تحليل نقطة اللا ربح ولا خسارة) دراسة للبيانات المتعلقة بالتكاليف الثابتة، والتكاليف المتغيرة، وسعر البيع، إلخ. من أجل تحديد مستوى المبيعات الذي يمكّن الشركة من إستعادة التكاليف الثابتة والمتغيرة بدون تحقيق ربح أو تكبد خسارة.

- Cause and Effect Analysis (تحليل السبب والتأثير) عملية تحديد ودراسة أسباب عيوب الإنتاج من أجل اتخاذ الإجراء المناسب لتجنبها.

- Cost-Benefit Analysis (تحليل التكلفة والعائد) دراسة للإيجابيات والسلبيات المتوقعة لمشروع ما، بشكل رئيسي من وجهة نظر إجتماعية.

- Critical Path Analysis (تحليل الأعمال الحرجة) أسلوب يُستخدم لتحديد أقصر الطرق لإكمال مشروع يضم أنشطة مختلفة. يتم رسم شبكة من الأسهم توضح العلاقة بين الأنشطة، وتبين الأنشطة التي يمكن القيام بها في ذات الوقت، والأنشطة التي تعتمد على إكمال أنشطة أخرى، وكذلك الأنشطة الحرجة لإكمال المشروع.

- Customer Analysis (تحليل الزبائن) دراسة تهدف إلى تحديد زبائن المؤسسة وتقسيمهم إلى شرائح، وتحديد أفضلياتهم والخيارات المتاحة لديهم.

- Gap Analysis (تحليل الفجوة) مصطلح يُستخدم في سياقات مختلفة ويشير إلى تحليل الفرق بين الشئ المتوقع أو المطلوب من جهة، وبين النتيجة الفعلية من جهة أخرى. أمثلة ذلك: (1) الفرق بين متطلبات الوظيفة ومهارات شاغل الوظيفة؛ (2) الفرق بين توقعات الزبون وجودة البضاعة المُنتَجة أو الخدمات المقدمة؛ (3) الفرق بين أهداف المؤسسة وما تم تحقيقه بالفعل.

- Organizational Analysis (التحليل التنظيمي) دراسة الهياكل التنظيمية، وتصميم الوظائف، والتسلسل القيادي، ومدى الرقابة، وتوزيع صلاحيات اتخاذ القرار.

- Ratio Analysis (تحليل النسب) أسلوب محاسبة يهدف إلى تحليل مختلف الجوانب المتعلقة بالمؤسسة مثل السيولة والربحية وغير ذلك من مقاييس الأداء، وذلك باستخدام النسب الحسابية (طالعوا Accounting Ratio). كما يمكن استخدامه أيضا للمقارنة بين أداء مؤسسات متشابهة.

- Regression Analysis (تحليل التراجع) أسلوب إحصائي يُستخدم للتنبؤ بقيمة متغيرات غير معروفة تعتمد على متغيرات أخرى معروفة ومستقلة، وذلك من خلال إنشاء العلاقة السببية بينهم.
- Sensitivity Analysis (تحليل الحساسية) طريقة لوضع سيناريوهات مختلفة لتقييم مشروع ما، حيث تُدخَل تغييرات تقديرية على الافتراضات الأساسية للمشروع لتقييم آثارها المحتملة على نتائج المشروع، ومردوده، إلخ. يتمثل الهدف النهائي لهذا الأسلوب في تقييم مدى حساسية ربحية المشروع لمثل هذه التغيرات.
- SWOT Analysis (تحليل سوات) يشكل الأساس لوضع إستراتيجيات المؤسسة. يتعلق بتحديد نقاط القوة الداخلية للمؤسسة (Strengths)، ونطاق الضعف بها (Weaknesses)، والفرص الخارجية السانحة لها (Opportunities)، والتهديدات التي تشكل تحديا لها (Threats).
- System Analysis (تحليل النظم) أحد التخصصات ضمن مجال تكنولوجيا المعلومات، حيث يقوم «محلل النظم» بتحليل عملية ما وتحويلها إلى رسم بياني (Flowchart) يقوم بموجبه "المبرمج" بكتابة برنامج حاسوب لأتمتة هذه العملية.
- Workflow Analysis (تحليل سير العمل) أحد جوانب تحليل الوظائف حيث يتم تدوين وتحليل سير العمل في كافة الوظائف قيد الدراسة. يتمثل الهدف في تحديد عما إذا كان يتوجب تصميم وظيفة أو ظائف معينة بحيث تكون أفضل من الناحية العملية، أو تكون أكثر إرضاءً لشاغل الوظيفة، أو أكثر إنتاجية.
- Variance Analysis (تحليل التباين) دراسة الفارق بين الخطة الموضوعة (المعايير/ الميزانية) والأداء الفعلي، وذلك من ناحية التكاليف أو الإنتاج أو الإيرادات. التباينات تشمل تباين ساعات عمل الماكينات، والتكاليف العامة، وتكلفة المواد، وتكلفة الأيدي العاملة، وعائدات المبيعات، والتكلفة الإجمالية.

Annuity (السناهية/الدفعة السنوية) مبالغ ثابتة تُدفع لمستثمر على فترات محددة مسبقا كأرباح على استثمار ثابت، أو تُدفع لشخص مؤمّن عليه، أو لورثته/ورثتها، مقابل بوليصة تأمين.

Antitrust Legislation (تشريع مكافحة الاحتكار) قانون يهدف إلى تقييد الممارسات الاحتكارية للشركات ليكفل المنافسة الحرة.

Apportionment (التحصيص) هناك مكونات للتكلفة لا يمكن تخصيصها بشكل دقيق للأقسام أو الوحدات أو العمليات. بدلا عن ذلك، يتم تقسيمها عليهم بطريقة منطقية، مثل تقسيمها حسب المساحة (بالمتر المربع)، أو ساعات عمل الماكينات، إلخ. في بعض الحالات، تتم معاملة بعض الإيرادات بنفس الطريقة.

Articles of association (النظام الأساسي) ميثاق الشركة المساهمة الذي ينظم العلاقة بين الشركة وحملة الأسهم.

Assets (الأصول) البنود التي لديها قيمة، مثل الأرض، الممتلكات، الماكينات، المبالغ النقدية، إلخ. التي يملكها شخص أو جهة ما، مثل شركة أو منظمة. تنقسم الأصول إلى فئتين: الأصول الثابتة والأصول الجارية، إلا أنها تُصنف أحيانا كأصول غير ملموسة، وأصول مالية، وأصول ملموسة.

- Fixed Assets (الأصول الثابتة) تُستخدم على المدى الطويل، مثل المصانع، والماكينات، والأرض، والمباني (طالعوا "Depreciation").
- Current Assets (الأصول الجارية) تُستخدم على المدى القصير، مثل المبالغ النقدية، والمخزون، والمبالغ المودعة بالبنوك، والمدينين.
- Physical Assets (الأصول الملموسة) تشمل الأرض، والمباني، والمصانع، والماكينات (أصول ثابتة بطبيعتها).
- Financial Assets (الأصول المالية) تشمل المبالغ النقدية، والأسهم، والمبالغ المودعة بالبنوك (أصول جارية).
- Intangible Assets (الأصول غير الملموسة) الأصول غير المادية مثل العلامات التجارية والإسم التجاري (أصول ثابتة في معظم الحالات).
- Net Assets (صافي قيمة الأصول) إجمالي صافي قيمة الأصول الجارية (الأصول الجارية ناقص المديونية الجارية)، زائدا قيمة الأصول الثابتة.
- Net Current Assets (صافي قيمة الأصول الجارية) تمثل الفرق بين الأصول الجارية للمؤسسة ومديونيتها الجارية، وتشكل رأس المال العامل للشركة.
- Total Assets (إجمالي قيمة الأصول) إجمالي قيمة الأصول الجارية (شاملةً المديونية الجارية)، زائدا قيمة الأصول الثابتة.
- Assets Turnover (العائد على الأصول) عملية حسابية تحدد مدى كفاءة استغلال أصول المؤسسة. وهي تشير إلى عائدات المبيعات بالشركة كنسبة مئوية من إجمالي قيمة الأصول بها (Total Assets).
- Asset Structure (هيكل الأصول) طريقة تشكيل أصول المؤسسة. القيمة النسبية لكل نوع من أنواع الأصول، حيث تُدرج قيمة كل من الأصول الثابتة والجارية في الميزانية العمومية كنسبة Ratio من القيمة الإجمالية للأصول.

Auction (المزايدة) طريقة يتنافس بموجبها المشترون على شراء سلع أو خدمات تُباع إلى المزايد الذي عرض أعلى الأسعار.

Audit (التدقيق) عملية فحص دفاتر الحسابات الخاصة بالمؤسسة، أو المنظمة، إلخ. للتأكد من صحتها، أو لمراجعة عملياتها للتأكد من كفاءتها وإمتثالها للسياسات والتشريعات الداخلية والخارجية. تشمل أنواعه التدقيق المالي، وتدقيق العمليات، والتدقيق الفني والإداري.

Automation (الأتمتة) استخدام الماكينات وأجهزة الحاسب الآلي، إلخ. للقيام بعمليات أو مهام معيارية أو متكررة، وذلك لتسريع العمليات ورفع الكفاءة وتقليل تكلفة الأيدي العاملة.

Average (المتوسط) متوسط قيمة عدد من القِيَم. يمكن احتسابه بجمع سلسلة من القِيَم ومن ثم قسمة القيمة الإجمالية على عدد القِيَم التي تم جمعها.

• Weighted Average (المتوسط المرجح) طريقة لإحتساب متوسط عدد من القِيَم حيث تحمل، أو تُعطي، بعض القِيَم وزنا أكبر من غيرها.

B

Backlog (الأعمال المتأخرة) الكمية الإجمالية أو العدد الإجمالي للطلبات التي لم تنفذها المؤسسة بتاريخ محدد.

Balance Sheet (الميزانية العمومية) بيان الحسابات الذي يُدرج أصول المؤسسة ومديونيتها وقيمة كل منهما عند نهاية السنة المالية.

Bank Reconciliation (التسوية المصرفية) إجراء يقوم بموجبه الأشخاص أو المؤسسات بمطابقة سجلاتهم الخاصة بالمبالغ النقدية المُستلمة والمدفوعة مع البيانات الواردة في كشف الحساب المصرفي.

Behavioral Science (العلوم السلوكية) تتعلق بدراسة الأشخاص في أماكن العمل، وأنماطهم السلوكية، وحافزيتهم، وأداءهم، إلخ. في ظل عوامل تشمل بيئة العمل، وسياسات المؤسسة، وقنوات الاتصال، وطبيعة العمل، إلخ. طالعوا Organizational Behavior

Benchmarking (المقارنة المعيارية) عملية دراسة وتبني أفضل الممارسات لدى المنافسين لكي يتسنى للمؤسسة أن يكون لها موقف تنافسي معادل لمنافسيها أو أفضل منه.

Bond (السند) أداة لاقتراض أموال طويلة الأجل. تصدر السندات من قبل الحكومة أو مؤسسة ما بقيمة اسمية ثابتة وبفائدة ثابتة وتُسدد بتاريخ الاستحقاق.

Bottleneck (عنق الزجاجة) التوقف أو التأخير أو الوقت الضائع عند نقطة أو مرحلة معينة من عملية ما، ويعرقل التسلسل العام للعمليات.

Bottom line (المحصلة) صافي ربح المؤسسة.

Brainstorming (العصف الذهني) أسلوب غير تقليدي لتوليد الأفكار من خلال تشجيع التفكير الإبداعي. يُستخدم هذا الأسلوب لإيجاد حلول لمشاكل صعبة، ومن خلاله يقوم العاملون، أو فريق العمل، إلخ. بالتعبير عن أفكارهم بمجرد أن تطرأ بذهنهم وتدوينها. من ثم، تتم غربلة الأفكار المدونة ووضع قائمة قصيرة بأفضل الأفكار. بعد ذلك، تتم مناقشة الأفكار المختارة بتعمق لإختيار أجداها.

Branding (التميز السلعي) أسلوب لخلق إخلاص للسلعة من جانب المستهلكين، وذلك من خلال الإعلانات وحملات الترويج المكثفة لتعزيز قدرة المستهلكين على تمييز العلامة التجارية للسلعة، وأيضا من خلال ضمان جودة السلعة وخدمات ما بعد البيع، إلخ.

Broker (الوسيط) السمسار الذي يجمع بين البائعين والمشترين لمُنتَج أو خدمة ما.

Bubble (فقاعة) اقتصاد أو عمل تجاري أجوف ينطوي على مخاطر عالية ويخلق معدلات نمو تفوق امكانيات الأصول المملوكة فعلياً.

Budget (الميزانية) الخطة المالية لجهة ما لفترة معينة، عادة ما تكون سنة مالية. وهي تبين المنصرفات وإيرادات المبيعات وغيرها والأرباح المتوقعة.

- Budget Control (الرقابة على الميزانية) نظام يشكل جانباً هاماً من المحاسبة الإدارية، يتم بموجبه القيام عن كثب بمراقبة التكاليف والعائدات الخاصة بمؤسسة ما، والسيطرة عليها. ينطوي هذا النظام على مقارنة المنصرفات والعائدات الفعلية مع الأرقام الواردة بالميزانية واتخاذ الإجراءات التصحيحية عند الضرورة.

- Flexible Budget or Variable Budget (الميزانية المرنة أو المتغيرة) ميزانية تتغير حسب مستوى النشاط. بموجب هذه الميزانية، ترتبط التكاليف والعائدات المتوقعة مع مستوى الناتج الذي تم تحقيقه. وهي تشكل الأساس لتحديد التكلفة في مستويات الإنتاج المختلفة.

- Functional Budget (الميزانية الوظيفية) نظام ميزانية مصمم بحسب وظائف المؤسسة، حيث يتم وضع ميزانية لكل وظيفة من وظائف المؤسسة.

- Rolling Budget (الميزانية المتجددة) الميزانية التي يتم تحديثها باستمرار لتستوعب الأمور الطارئة والمتغيرات الخارجية التي تتعدى سيطرة المؤسسة.

- Zero-based Budgeting (الميزانية الصفرية) نظام ميزانية يُفترض بموجبه أن ميزانية كل وظيفة، أو قسم، إلخ. بالمؤسسة تساوي صفراً. وعليه، يجب تبرير كل مكوّن من مكوّنات التكلفة قبل تضمينه بالميزانية.

Business Cycle (الدورة الاقتصادية) ارتفاع وانخفاض النشاط التجاري الكلي نتيجة لتغير الظروف، مثل العرض والطلب، وتدفق الاستثمارات وخروجها، إلخ. تمتد الدورة لأربع مراحل: الكساد، الانتعاش، الطفرة، والتراجع الذي يقود إلى الكساد مرة أخرى.

Business objectives (الأهداف التجارية) الأهداف التي تعتزم المؤسسة تحقيقها فيما يتعلق بالأرباح، حصة السوق، والنمو، إلخ. وهي جزء من التخطيط الاستراتيجي للمؤسسة (طالعوا "Management Model"). عندما تقوم مؤسسة ما بوضع الرؤية الخاصة بها، فإنها تحدد أهدافها ومن ثم تضع الخطط التفصيلية الكفيلة بتحقيق هذه الأهداف.

Business Process Re-engineering (إعادة هندسة الأعمال) الدراسة المنهجية لكافة الإجراءات والعمليات داخل المؤسسة من أجل تحسين كفاءتها. تركز النُهُج الحديثة لهذه العملية على مراجعة العمليات بين الأقسام والوظائف المختلفة ضمن المؤسسة.

C

Capacity (القدرة/السعة) الحد الأقصى من كمية الإنتاج التي يمكن لمختلف الأصول المتوفرة بالمؤسسة، مثل المصانع والمعدات والأيدي العاملة، إلخ.، أن تنتجها بشكل كفء وفعّال من حيث التكلفة.

Capital رأس المال المُستثمر في إنشاء عمل تجاري ما، ويُستخدم بشكل رئيسي في شراء الأصول الضرورية.

- Called-up Capital (رأس المال المطلوب دفعه) مبلغ المال الذي يدفعه حملة الأسهم عند تخصيص الأسهم لهم.
- Capital Allowances (إعفاءا ضريبي عند شراء أصول جديدة - طالعوا Allownce")
- Capital Appreciation (زيادة قيمة الأصول الرأسمالية) ارتفاع قيمة أحد الأصول نتيجة للتضخم، أو ارتفاع أسعار الأراضِ في مناطق معينة (بالنسبة لأراضِ وممتلكات المؤسسة)، إلخ.
- Capital Gain (المكسب الرأسمالي) المبلغ الذي تكسبه المؤسسة عند بيعها لأحد الأصول بمبلغ يفوق قيمته الأصلية.
- Capital Gearing (توجيه رأس المال) مقياس يبين مدى توجّيه رأس مال مؤسسة ما إلى الديون بدلا عن الأسهم. وهو يُبَيّن نسبة الديون طويلة الأجل، أو رأس المال المُقتَرَض، إلى رأس المال المساهم.
- Capital Intensiveness (كثافة رأس المال في الإنتاج) مقياس لمقدار المعدات الرأسمالية التي تستخدمها مؤسسة ما في إنتاج منتجاتها.
- Capital Goods (البضائع الرأسمالية) تشير إلى الأصول الثابتة مثل المصانع والآلات والمعدات، إلخ. المستخدمة في الإنتاج. في الاقتصاد الخاص (المصغر) تنحصر هذه البضائع في المؤسسة المعنية. أما في الاقتصاد الكلي، فهي تشير إلى القيمة الإجمالية لهذه البنود في البلد بأكملها أو الاقتصاد برمته.
- Net Current Assets (صافي قيمة الأصول الجارية) (طالعوا Assets)

Cartel (اتحاد احتكاري) ترتيب، يحظره القانون، بين مجموعة من الموردين يهدف إلى الحد من المنافسة بينهم (طالعوا Antitrust Regulation). بموجب هذا الترتيب، يتآمر الموردون لوضع أسعار موحدة لمنتجاتهم (ويتفقون في بعض الأحيان على تحديد حصص للإنتاج بينهم)، وبالتالي يتمكنون من تحديد أسعار احتكارية (طالعوا Monopoly).

Communication (الاتصال) عملية تبادل المعلومات أو الأفكار أو وجهات النظر أو المشاعر بين الأشخاص أو المنظمات أو الكائنات.

Company (شركة) مؤسسة تجارية تعمل في إنتاج و/أو بيع السلع أو الخدمات.

- Public Limited Company (شركة مساهمة عامة ذات مسئولية محدودية) نوع من الشركات المساهمة تُمَوّل من خلال إصدار أسهم للجمهور وتتمتع بشخصية قانونية مستقلة. بموجب هذا الترتيب، ينحصر الحد الأقصى من الخسائر التي يتحملها حملة الأسهم، في حالة فشل الشركة، في المبلغ الذي استثمروه في الشركة على شكل أسهم.
- Private Limited Company (شركة خاصة محدودة المسئولية) شركة مساهمة بها عدد محدود من حملة الأسهم وتكون الأسهم غير متداولة في البورصة، الا أنها محمية بمقتضى البنود القانونية الخاصة بالشركات محدودة المسئولية.
- Holding Company (شركة قابضة) شركة مساهمة تمتلك ما يزيد عن 50 بالمائة ويصل إلى 100 بالمائة من أسهم شركة أخرى أو مجموعة من الشركات (تسمي الشركات التابعة)، وتبعا لذلك تسيطر على سياسات وشئون تلك الشركات.
- Subsidiary Company (شركة تابعة) شركة مساهمة تمتلك فيها شركة قابضة ما يزيد عن 50 بالمائة ويصل إلى 100 بالمائة من أسهمها التي لها حق التصويت. وبالتالي، تمتلكها الشركة القابضة بشكل كلي أو شبه كلي وتسيطر على سياساتها وشئونها.
- Associated Company (شركة متحدة) شركة مساهمة تمتلك فيها شركة قابضة 20 بالمائة أو أكثر ولا يزيد عن 50 بالمائة من أسهمها.
- Sole Proprietorship (منشأة فردية) مشروع تجاري يمتلكه شخص واحد بشكل كلي.

Competition (المنافسة) الصراع بين بائعي سلعة أو خدمة ما للحفاظ على زبائنهم واكتساب زبائن جدد. يتحمل البائعون تكاليف باهظة في حملات الدعاية والتسويق، ويقومون بتحسين نوعية منتجاتهم وتخفيض الأسعار لكي يحصلوا على حصة أكبر بالسوق. (طالعوا Advertising, Market, and Pricing)

- Competitive Advantage (الميزة التنافسية) المزايا التي تتمتع بها مؤسسة ما على منافسيها. وهي تنتج عن الحصول على الأصول والمواد الملائمة والأسماء التجارية المميزة، إلخ.، أو تنتج عن التكنولوجيا المتقدمة أو الآلات الضخمة التي توفر اقتصاديات الحجم الكبير، أو تنتج عن استغلال الخبرة المتراكمة والابتكار في المجال المعين.
- Competitive Strategy (الاستراتيجية التنافسية) جزء من الخطة الاستراتيجية للمؤسسة. وهي تنطوي على دراسة كافة العوامل، الداخلية منها مثل التكنولوجيا وأساليب العمل، إلخ.، والخارجية مثل الأسواق والمنافسة والزبائن، إلخ.، وذلك لخلق

وضع يمكّن المؤسسة من التغلب على المنافسين والحصول على ميزة تنافسية.

Consortium (اتحاد) عدد من المؤسسات التي تقوم بتجميع مواردها بشكل متفق عليه من أجل القيام بمشروع تجاري جديد.

Consumer Orientation (التوجه نحو المستهلك) استراتيجية تقوم المؤسسة بموجبها بتحديد زبائنها وخصائصهم واحتياجاتهم وتوقعاتهم، إلخ.، ومن ثم تقوم بتصميم منتجاتها أو خدماتها لتلبية ذلك.

Copyright (حقوق الطبع والنشر) حقوق الملكية بالنسبة للمؤلفين والموسيقيين والفنانين، إلخ. والتي تمنحهم ملكية الأعمال الفكرية التي انتجوها، وتكون هذه الملكية محمية بمقتضى القانون من البيع، أو النسخ، إلخ. غير المصرح به.

Core Business (النشاط الأساسي) الوحدة التنظيمية بالمؤسسة التي تُعتبر حيوية لتحقيق أهداف المؤسسة، وهي تضم النشاط الرئيسي للمؤسسة وتُعتبر المصدر الرئيسي لعائداتها.

Corporate Identity (الهوية المؤسسية) الصفات التي تشكل سمات المؤسسة وتميزها، وهي تشمل مبادئ المؤسسة وأخلاقياتها وثقافتها وأهدافها، إلخ. عادة ما تستخدم المؤسسات شعارا مصمم خصيصا ليرمز إلى هويتها.

Corporate Restructuring (إعادة هيكلة المؤسسة) عملية اعادة ترتيب استراتيجية للمؤسسة تنطوي على إحداث تغييرات في الهيكل التنظيمي و/أو إحداث تغيير استراتيجي في توجه المؤسسة وأهدافها بشكل عام.

Corporation (مؤسسة) شركة مساهمة. (طالعوا Company).

Costing (تقدير التكاليف) نظام لتحديد تكلفة إنتاج منتجات أو خدمات الشركة لغرض تحديد سعر البيع والسيطرة على العمليات أو كعامل مساعد لاتخاذ قرارات مدروسة. هناك عوامل مختلفة تؤثر على تكاليف تسيير الأعمال، تشمل حجم المؤسسة، وتنظيم العمليات وكفاءتها، والأساليب والتكنولوجيا المستخدمة، وتكلفة الأمور اللوجستية والمواد والمكونات، ونوعية الموظفين (طالعوا "Economy of Scale" و"Economy of Scope")

- Absorption Costing (حساب التكاليف التحميلي) طريقة لتقدير التكاليف يتم بموجبها تخصيص التكاليف المباشرة (تكاليف المواد المباشرة والعمالة المباشرة) علاوة على التكاليف العامة (التكاليف غير المباشرة) على وحدات الانتاج، وذلك حتى يتسنى التوصل إلى التكلفة الإجمالية لإنتاج كل وحدة/قطعة من منتجات المؤسسة. يتم احتساب قيمة التكاليف العامة لكل وحدة بتقسيم مجموع التكاليف العامة على عدد الوحدات/القطع المُنتَجة.

- Activity-Based Costing (تقدير التكاليف على أساس النشاط) طريقة لتقدير

التكاليف يمكن أن تكون مناسبة للعمليات المؤتمتة بشكل كبير. وهي تركز على التكلفة الإجمالية لتسيير الأعمال بشكل عام والعوامل التي تحدد هذه التكلفة. وبالتالي، على غير شاكلة الأساليب الأخرى لتقدير التكاليف، فهي لا تفرق بين التكاليف الثابتة والتكاليف المتغيرة.

- Cost Advantage Strategy (استراتيجية ميزة التكلفة) استراتيجية تهدف إلى تخفيض التكلفة بحيث تكون أقل من تكلفة المنافسين، وذلك لتحقيق الميزة التنافسية.

- Cost Center (مركز الكلفة) وحدة تنظيمية ضمن المؤسسة أو الوظيفة أو العملية، ويمكن تحديد تكاليفها للأغراض المحاسبية.

- Cost Control (رقابة التكاليف) عملية إجراء الرقابة على التكاليف بالمؤسسة حيث تتم مقارنة التكاليف الفعلية مع التكاليف الموضوعة بالميزانية، ومن ثم القيام بتحليل مفصل لأي تباين، إن وجد، لتسهيل اتخاذ الإجراءات التصحيحية.

- Cost of Capital (تكلفة رأس المال) متوسط التكلفة المرجح لمختلف مصادر التمويل طويل الأجل للمؤسسة، أي متوسط سعر الفائدة المدفوع للبنوك الدائنة.

- Quality Control Costs (تكاليف رقابة الجودة) تكاليف التأكد من أن منتجات المؤسسة تستوفي النوعية المرغوبة، وهي تكاليف الفحص، والاختبار، وتصحيح المنتجات أو المكونات المعيبة. (طالعوا Failure Costs)

- Direct Cost (التكلفة المباشرة) تمثل تكاليف المواد المباشرة والعمالة المباشرة.

- Discretionary Costs (التكاليف التي تخضع للتقدير الشخصي) التكاليف التي لا تتعلق بالتصنيع والتي يمكن أن تحددها إدارة المؤسسة، مثل تكاليف الإعلانات.

- Failure Costs (تكاليف الإخفاق) التكاليف الناجمة عن إنتاج منتجات معطوبة أو دون المستوى. وهي تشمل تكلفة معالجة المنتجات المعيبة وتكاليف المواد، علاوة على احتمالية فقدان الزبائن.

- Fixed Costs (التكاليف الثابتة) التكاليف التي تظل كما هي بغض النظر عن حجم الإنتاج، مثل الإيجارات، وتكلفة التمويل، والاستهلاك (في معظم الحالات).

- Implicit Costs (التكاليف الضمنية) العائد أو الربح المحتمل الذي فقدته المؤسسة من خلال استخدامها لأصول مملوكة، مثل أحد المباني، في تسيير الأعمال بدلا عن استخدامه بطريقة أخرى مربحة. وهي نوع من أنواع التكلفة البديلة. لذلك، يجب على المؤسسة في مثل هذه الحالة أن تضيف إلى تكاليفها مبلغاً يعادل القيمة السوقية لإيجار هذا المبنى.

- Marginal Costing (حساب التكاليف الحدية) طريقة لتقدير التكلفة يتم بموجبها تخصيص التكاليف المتغيرة للعمالة والمواد فقط للقطع/الوحدات المُنتَجة حتى

يتم التوصل إلى التكلفة الحدية لإنتاج كل قطعة/وحدة. أما بالنسبة لإجمالي التكاليف العامة الثابتة، فيتم تحميله على الفترة المحاسبية بغض النظر عن حجم الإنتاج أو العائدات.

- Opportunity Cost (التكلفة البديلة) مفهوم يشير إلى تكلفة الفرصة الضائعة من جراء استخدام أحد الموارد بطريقة معينة بدلا عن استخدامه بطريقة أكثر ربحية، أو الفرق في الفوائد أو العائدات المكتسبة من جراء استخدام أحد الموارد بطرق بديلة أو مختلفة.

- Overheads (التكاليف العامة) التكاليف التي لا ترتبط بشكل مباشر بإنتاج قطعة/وحدة إنتاج، مثل تكاليف الاستهلاك، والإيجار، و.المنافع، والإدارة، إلخ. تُسمى أيضا التكاليف غير المباشرة. هناك طرق مختلفة لتخصيص هذه التكاليف للوحدات المُنتَجة من أجل تحديد التكلفة الكلية لكل قطعة/وحدة مُنتَجة. (طالعوا "Apportionment")

1. Fixed Overheads (التكاليف العامة الثابتة) التكاليف العامة التي تظل كما هي بغض النظر عن حجم الإنتاج، مثل الاستهلاك، إيجار المكاتب والمرافق، ونفقات الإدارة (في معظم الحالات)، إلخ. يرتبط تأثيرها على الربحية بشكل مباشر مع حجم الإنتاج. فكلما زادت المؤسسة من إنتاجها، كلما قلت التكلفة غير المباشرة لإنتاج كل قطعة/وحدة، والعكس بالعكس.

2. Variable Overheads (التكاليف العامة المتغيرة) تكاليف غير مباشرة تتغير قيمتها الإجمالية بشكل متناسب مع حجم الإنتاج، مما ينتج عنه تكلفة عامة ثابتة لكل قطعة/وحدة يتم إنتاجها. مثال ذلك عمولة المبيعات وتكلفة أنواع معينة من الصيانة التي تنجم عن الاستخدام.

- Rectification Cost (تكلفة معالجة المنتجات المعيبة) تكلفة تصحيح عيب في تصنيع أحد المنتجات من أجل رفع نوعيته وأداءه إلى المستوى المطلوب. (طالعوا "Quality Control Costs" و "Failure Costs")

- Standard Cost (التكلفة المعيارية) إجمالي التكلفة التقديرية لإنتاج قطعة/وحدة، وهي تتضمن كافة عناصر التكلفة المتعلقة بإنتاج القطعة/الوحدة. ذلك يشمل التكاليف المباشرة المتعلقة بالقطعة/الوحدة، علاوة على نصيبها من التكاليف العامة المتوقعة خلال الفترة المحاسبية لمستوى الإنتاج المخطط له بالميزانية.

- Variable Cost (التكاليف المتغيرة) التكاليف التي تتغير بحسب مستوى الإنتاج، مثل التكاليف المباشرة للمواد والعمالة.

- Replacement Cost (تكلفة الاستبدال) تكلفة استبدال أحد الأصول بالأسعار الحالية، وذلك عندما تصبح مستهلكة بالكامل أو بالية.

● Apportionment (طالعوا "Apportionment" تحت الحرف "A")

● Cut-off rate (الحد الأدنى المقبول) مقياس معياري لاتخاذ قرار حول قبول مشروع ما أو عدم قبوله. وهو يشكل أدنى هامش ربح يجب على المشروع أن يدرّه لتغطية تكلفة رأس المال على أقل تقدير.

D

Decision Tree (شجرة القرار) أداة تُستخدم لأغراض اتخاذ القرار في حالات عدم اليقين. وهي تبين، على شاكلة شجرة، الخطط أو الطرق البديلة لحل المشكلة واحتمالية نجاح كل واحدة منها، وتبعاتها أو نتائجها.

Deflation (الانكماش) عكس التضخم «inflation». ويشير إلى انخفاض الأسعار في البلد.

Delegation of Authority (تخويل الصلاحيات) ترتيب يتم بموجبه تخويل بعض صلاحيات مسئول تنفيذي، أو مدير، إلخ. إلى أحد مرؤوسيه. يهدف تخويل الصلاحيات إلى تسهيل العمليات وتسريعها، وتخفيف عبء العمل على المدراء، ورفع مستوى الرضى الوظيفي لدى المرؤوسين الذين سيصبحون نتيجة لذلك أكثر جاهزية لتولي وظائف أعلى. إلا أن المدراء الذين خوّلوا صلاحياتهم سيظلوا يتمتعون بالسلطة الشاملة، وسيظلوا في معظم الحالات مسئولين عن أفعال مرؤوسيهم.

Demand (الطلب) مصطلح اقتصادي يشير إلى كمية السلع والخدمات التي سيشتريها المستهلكون في اقتصاد ما أثناء فترة زمنية معينة وبسعر معين. (طالعوا Market)

● Aggregate Demand (الطلب الكلي) إجمالي الطلب في سوق أو اقتصاد ما لسلعة أو خدمة تنتجها مؤسسة ما.

● Elasticity of Demand (مرونة الطلب) مصطلح يُستخدم على نطاق واسع للإشارة إلى العلاقة بين الطلب على سلعة ما والتغيرات في سعرها. في العادة، يؤدي السعر المنخفض إلى ارتفاع الطلب، والعكس بالعكس.

● Supply and Demand (العرض والطلب) مصطلح يشير إلى العلاقة بين الكمية المعروضة من مُنتَج ما، والطلب عليها، وسعرها. إذا قام موردون مختلفون بتوفير مُنتَج ما بكميات أكبر، ستزداد حدة المنافسة مما يؤدي إلى انخفاض الأسعار. على العكس من ذلك، إذا تم توفير مُنتَج ما بكميات تقل عن الطلب الكلي، سيصبح المُنتَج نادرا ويرتفع الطلب عليه مما يؤدي إلى ارتفاع سعره.

Depreciation (الاستهلاك) الانخفاض التدريجي في قيمة أحد الأصول أثناء حياته العملية نسبة للاستخدام و/أوالتقادم. هناك عدة طرق لحساب الاستهلاك:

● Straight Line Method (طريقة القسط الثابت للاستهلاك) يتم بموجب هذه الطريقة تقسيم قيمة تكلفة الأصول، بعد خصم القيمة التقديرية لبيعها كخردة، على العمر التقديري للأصول (بالسنوات).

- Written Down Value Method or Reducing Balance Method (طريقة القيمة الدفترية أو طريقة الاستهلاك المتناقص). يتم في كل عام تحميل نسبة مئوية ثابتة على القيمة الدفترية المتناقصة للأصول إلى أن تنخفض إلى قيمتها كخردة.
- Sinking Fund Method (طريقة احتياطي الاستهلاك المستمر) يتم كل عام تحديد مبلغ للاستهلاك، باستخدام «جداول احتياطي الاستهلاك المستمر»، وتحميل ذلك المبلغ على حساب الربح والخسارة ومن ثم استثماره في مؤسسة أخرى حتى يصل تراكم الاستثمارات إلى قيمة الأصول ناقص قيمتها كخردة.
- Annuity Method (طريقة الدفع السنوية للاستهلاك) تفترض هذه الطريقة أن المبلغ المُستثمر في شراء الأصول يجب أن يدر فائدة بنكية إذا تم استثماره في مكان آخر. وعليه، يتم احتساب مبلغ الاستهلاك باستخدام «جداول الأقساط» بمقتضى سعر فائدة معين. ويتم تحميل مبلغ الفائدة البنكية على حساب الأصول.
- Insurance Policy Method (طريقة وثيقة التأمين) تتم تغطية الأصول بموجب وثيقة تأمين وقفية طيلة عمرها العملي. في نهاية هذه الفترة، تقوم شركة التأمين بدفع المبلغ المؤمّن عليه.
- Reevaluation Method (طريقة إعادة التثمين للاستهلاك) تتم إعادة تقييم الأصول في وقت الميزانية العمومية. ويتمثل الاستهلاك في الفرق بين قيمة تكلفة الأصول وقيمتها بعد إعادة تقييمها. الارتفاع في القيمة لا يؤخذ بالاعتبار.
- Use of Mileage Method (استخدام طريقة الأميال) يتم تحديد العمر الافتراضي للأصول، مثل السيارة أو الحافلة، بموجب عدد معين من الأميال التي يجب أن تقطعها قبل أن تُعتبر مُستهلكة بالكامل، وذلك بدلا عن تحديد عمرها بالسنوات. يتم تحديد تكلفة الميل الواحد بقسمة تكلفة الأصول على عدد الأميال التي تقطعها. من ثم، يُحتسب الاستهلاك السنوي بضرب عدد الأميال التي قطعتها الأصول خلال السنة في تكلفة الميل الواحد.
- Machine Hour Method (طريقة ساعات عمل الماكينات) على نحو مشابه لطريقة الأميال، يتم تحديد عمر استخدام الماكينة بموجب عدد معين من الساعات التي يجب أن تعملها قبل أن تُعتبر مُستهلكة بالكامل.
- Production Unit Method (طريقة عدد الوحدات/القطع المُنتجة) على نحو مشابه لطريقة ساعات عمل الماكينات، يتم تحديد عمر استخدام الماكينة بموجب عدد معين من الوحدات/القطع التي يجب أن تنتجها قبل أن تُعتبر مُستهلكة بالكامل.
- Depletion Unit Method (طريقة الوحدات المستنفدة) تُستخدم في المناجم، وآبار البترول، إلخ. يتم تقدير الكمية الإجمالية للإنتاج وتكلفتها الإجمالية، علاوة على تكلفة الوحدة/القطعة. من ثم، يُحتسب الاستهلاك بناءا على الكمية التي تم إنتاجها/استخراجها.

- Sum of the Year Digits (طريقة مجموع أرقام السنوات) على نحو مشابه لطريقة القيمة الدفترية أو طريقة الاستهلاك المتناقص، يتم تحميل قيمة استهلاك متناقصة من خلال تحميل نسب مئوية متناقصة لتكلفة الأصول بعد خصم قيمتها كخردة.

Debt (الدين) مبلغ من المال يدين به شخص أو جهة لشخص أو جهة أخرى نتيجة لشراء سلع،، أو خدمات، من ذلك الشخص أو الجهة عن طريق الإعتماد المالي، أو نتيجة لاقتراض مبلغ من المال لمختلف الأغراض مثل تمويل استثمارات أو تكوين مزيد من رأس المال للمؤسسة.

- Bad Debt (دين هالك) مبلغ يدين به شخص أو جهة نظير خدمات تلقوها أو سلع استلموها، ومن غير المتوقع أن تقوم الجهة المقترضة أو الزبون بدفعه بسبب الإعسار أو أي سبب آخر.
- Debtors (المدينون) يشير المصطلح في دفاتر الحسابات إلى المبالغ المالية التي يدين بها افراد أو شركات، إلخ. نظير الخدمات أو السلع التي اشتروها أو المال الذي اقترضوه.

Disciplinary Procedures (الإجراءات التأديبية) النظم التي ينبغي على الإدارة اتباعها في حالة قيام أحد العاملين بخرق نظم الشركة أو التصرف بشكل غير لائق أو الأداء بشكل غير مرضٍ.

Discounted Cash flow (التدفق النقدي المخصوم) أسلوب يُستخدم لاحتساب القيمة الحالية لتدفقات نقدية مستقبلية متوقعة من استثمار مُقترح، من خلال إجراء خصم عليها بمقتضى سعر فائدة معين، وذلك لاتخاذ قرار حول الدخول في هذا الاستثمار أو عدم الدخول فيه..

Distribution Channels (قنوات التوزيع) سبل نقل وتوزيع المنتجات، ابتداءاً من مواقع الإنتاج حتى وصولها إلى المستهلك.

Distribution Ratio (نسبة الأرباح الموزعة) النسبة المئوية لصافي الربح (بعد خصم الضرائب) الذي توزعه الشركة على المساهمين بها في نهاية السنة المالية. المبلغ الذي يتم توزيعه يُسمى "أرباح الأسهم."

Dividend (أرباح الأسهم) (طالعوا Distribution Ratio)

- Interim Dividend (الأرباح المؤقتة للأسهم) مبلغ أصغر من الأرباح الفعلية، تدفعه الشركة مؤقتاً للمساهمين حتى يتم اتخاذ قرار حول الأرباح النهائية ودفعها للمساهمين.
- Dividend Yield (عائد أرباح الأسهم) نسبة أرباح السهم إلى السعر الحالي للسهم بالسوق.

E

Earnings Per Share (عوائد الأسهم) مؤشر للربح يُحسب بواسطة قسمة صافي ربح الشركة (بعد خصم الضرائب) على عدد الأسهم العادية.

E-business (الأعمال الاليكترونية) تشير إلى الأعمال التي تستخدم أجهزة الحاسب الآلي في مختلف عملياتها.

Economies of Scale (اقتصاديات الحجم الكبير) الفوائد التي تجنيها المؤسسة من إنتاج كميات كبيرة من منتجاتها، عادة باستخدام عمليات مؤتمتة بشكل كبير. تتمثل هذه الفوائد في تخفيض تكلفة إنتاج القطعة/الواحدة من حيث المواد، والتصنيع، والتوزيع، والإعلان، وتكاليف البيع.

Economies of Scope (وفورات النطاق) الفوائد التي تجنيها المؤسسة من استخدام مواردها لتنويع منتجاتها أو خدماتها من خلال إضافة سلع أو خدمات جديدة. نتيجة لذلك، تنخفض تكلفة إنتاج المنتجات القديمة والجديدة على حد سواء، مما يمنح المؤسسة ميزة تنافسية.

Efficiency (الكفاءة) مقياس للطريقة التي تقوم بها المؤسسة باستغلال مواردها لإنتاج سلع أو خدمات. على سبيل المثال، المقدار الذي تنتجه المؤسسة باستخدام عدد معين من ساعات عمل العمال أو كمية معينة من المواد، تعكس كفاءة استخدام المؤسسة للأيدي العاملة أو المواد.

Entrepreneur (رائد أعمال) شخص يؤسس ويدير مشروعاً تجارياً جديدا.

Equity (حقوق المساهم) قيمة الأسهم العادية زائداً أية أرباح محتجزة/مُستبقاة وأية أموال احتياطية.

Exclusive Dealing (تعامل حصري) اتفاقية بين مؤسسة تورد أحد المنتجات وتجار التجزئة أو الجملة، يقوم بموجبه المورّد بتعيين التاجر كموزّع حصري ويوافق التاجر على عدم بيع منتجات المنافسين. الأشكال الأخرى لمثل هذا الاتفاق تشمل الاتفاق بين عدد من المؤسسات على التعامل مع منتجات بعضها البعض فقط. عادة ما تُعتبر مثل هذه الترتيبات ممارسات احتكارية وبالتالي يحظرها القانون.

Exclusive Distribution (التوزيع الحصري) ترتيب يقوم بموجبه مورّد بمنح تاجر جملة أو قطاعي حقوق التوزيع لسلعه في سوق، أو مقاطعة، أو إقليم معين.

F

Feasibility Study (دراسة الجدوي) دراسة تهدف إلى اتخاذ قرار حول الدخول في مشروع معين أو عدم الدخول فيه. وهي تتعلق بدراسة الجوانب الاقتصادية والفنية للمشروع لتقدير نتائجه ومعدل العائد على رأس المال، علاوة على تأثير المشروع من الناحيتين الاجتماعية والبيئية في بعض الحالات.

Forecasting (التنبؤ) (طالعوا **Management**)

Franchising (الامتياز) استراتيجية تمكّن المؤسسة من التوسع بدون طرح رأسمال إضافي. وهي تكون في شكل إتفاقية بين المؤسسة التي تَمنَح الامتياز (المؤسسة التي تملك العلامة التجارية) والمؤسسات التي تُمنَح الامتياز (رواد الأعمال)، حيث يقوم الأول بمنح الثاني الحق في توريد منتجاته بموجب معايير محددة مُسبقاً. تقوم المؤسسات التي تُمنَح الامتياز بتوفير رأس المال للمشروع (عادة ما يكون في شكل فروع) ودفع أتاوات مقابل الحق الذي مُنِح لهم، بينما تقوم المؤسسة التي تَمنَح الامتياز بدعمهم بالخبرة، والإعلانات، إلخ.

G

Globalization (العولمة) مصطلح يُستخدم في عدة سياقات: سياسية، اقتصادية، تجارية، معلوماتية، إلخ. في مجال الإدارة، يشير المصطلح إلى إستراتيجية تتبعها مؤسسة متعددة الجنسيات وتتعلق بنشر عملياتها على مستوى العالم لكي تستفيد من الأسواق الجديدة والمتنوعة.

Growth (النمو) يشير المصطلح، في سياق الأعمال، إلى توسع المؤسسة داخلياً أو خارجياً.

- **External Growth** (النمو الخارجي) توسع المؤسسة من خلال الاستيلاء على مؤسسة أخرى، أو الاندماج معها، أو الدخول معها في مشروع مشترك.
- **Internal Growth** (النمو الداخلي) توسع داخل المؤسسة من خلال استغلال الموارد والخبرة المتوفرة والفائض الحالي من السعة الإنتاجية لتطوير سلع وخدمات جديدة من أجل زيادة حصة المؤسسة بالسوق أو دخول أسواق جديدة من خلال السلع الحالية.

Goodwill (شهرة المؤسسة/الاسم التجاري) المبلغ الذي تتجاوز به القيمة السوقية لأسهم المؤسسة القيمة الصافية لأصولها. وهو ينتج عن سمعة المؤسسة وأداءها وزبائنها الراسخين، إلخ.

Governance (الحوكمة) التدابير التي تحكم الطريقة التي تُدار بها المؤسسة. وهي تتعلق أساساً بتحديد مهام والتزامات مجلس الإدارة ومسئوليتهم أمام المساهمين.

H

Health and Safety (الصحة والسلامة) شرط قانوني يُلزم أرباب العمل بوضع وتطبيق لوائح ونظم تضمن توفير بيئة عمل صحية وخالية من الحوادث.

Human Resource ManagemenT (HRM) (إدارة الموارد البشرية) فرع من الإدارة يتعلق بإدارة الأشخاص العاملين بالمؤسسة. وهو يشمل اختيار وتوظيف العاملين، والتدريب، والأجور والمرتبات، وكافة مزايا العاملين الأخرى. النُهُج الجديدة لإدارة الموارد البشرية تنظر إلى الموارد البشرية باعتبارها رأس مال وعامل رئيسي لتحقيق أهداف المؤسسة. هذه النُهُج تركز على الحافزية، والعلاقات الإنسانية.

- Manpower Planning (تخطيط القوى العاملة) نظام يضمن توفير النوعية الملائمة من العاملين بدون انقطاع. في المؤسسات الكبيرة، ينطوي هذا النظام على طائفة معقدة من الخطوات والترتيبات التي تشمل التدقيق، والتنبؤ بالاحتياجات المستقبلية للقوى العاملة، إلخ.، وتأخذ بالاعتبار عدة عوامل مثل الخطط التوسعية، والتغيير في التكنولوجيا، ومتطلبات التدريب، إلخ.
- Recruitment and Selection (اختيار وتوظيف العاملين) عملية توظيف عاملين جدد لديهم الخصائص والمهارات والخبرة والمعرفة المطلوبة لشغل الوظائف الشاغرة. تتعلق العملية بالبحث عن المتقدمين المناسبين، وفحصهم، ومن ثم اختيار الأنسب منهم.
- Appraisal (التقييم) عملية تقييم أداء العاملين. تهدف العملية إلى تحديد نقاط القوة والضعف في الموظفين، واتخاذ التدابير الكفيلة بتحسين أداءهم ورضاهم، وتحديد أهليتهم للترقي أو زيادة الأجر، إلخ.
- Grievance Procedure (إجراءات التظلم) الإجراءات التي يجب على إدارة المؤسسة التقيد بها في حالة تقدم أحد الموظفين بشكوى تتعلق بالعمل.
- Training and Development (التدريب والتطوير) التدريب هو عملية تعزيز قدرات الأفراد وكفاءتهم وخبرتهم من أجل تحسين أداءهم ورضاهم، وبالتالي رفع إنتاجيتهم. برامج التطوير تهدف إلى إعداد العاملين الواعدين لتولى وظائف أعلى.
- Coaching (التوجيه والارشاد) خطة تدريب يقوم بموجبها موظف متمرس بتدريب موظف آخر - عادة ما يكون موظفاً جديدا أو تم تحويله من قسم آخر - على الوظيفة.

Mentor (الموجّه) موظف متمرس يتم تكليفه بتوجيه ودعم موظف متدرب أو منقول كجزء من تدريب وتطوير هذا الأخير.

- Induction (التوجيه الأولي) برنامج تعريفي مصمم لتعريف الموظفين الجدد بعملهم والمؤسسة بشكل عام.

- Arbitration (التحكيم) أسلوب لحل النزاعات بين العاملين ورب العمل، يقوم بموجبه طرف محايد - يُسمى المحكّم - بالوساطة بين الطرفين المتنازعين للتوصل إلى حل مرضٍ للطرفين. (طالعوا Collective Bargaining)
- Accountability (المساءلة) التزام الموظفين بأداء واجباتهم وبأن يكونوا مسئولين عن تصرفاتهم وسلوكهم. تختلف المساءلة بحسب مستوى الوظيفة ومدى التعقيد في المهام المناطة بالشخص.
- Collective Bargaining (التفاوض الجماعي) عملية التفاوض حول الأجور، وظروف العمل، والمزايا، إلخ. بين ممثلي العمال (عادة ما تكون نقابات) وبين أصحاب العمل أو ممثليهم.
- Competence (الكفاءة) المهارات المطلوبة لأداء مهمة ما بطريقة محددة. وهي مقياس يُستخدم في برامج التدريب التي تقوم على الكفاءة، حيث يتم تحديد الكفاءات المطلوبة لأداء وظيفة ما حتى يتسنى تصميم برامج تدريبية تزود الموظفين بالمهارات والمعرفة التي يحتاجونها لأداء الوظيفة. كما تُستخدم أيضا في عمليات إختيار وتوظيف العاملين بحيث يتم تحديد المهارات التي يجب على المتقدمين أن يمتلكوها لكي يشغلوا وظيفة ما.
- Motivation Factors (عوامل التحفيز) العوامل المحركة التي تؤثر على سلوك العاملين وأداءهم وإنتاجيتهم، وتؤدي إما إلى الرضا الوظيفي أو عدم الرضا الوظيفي. هنالك مختلف النظريات بشأن التحفيز، وكل نظرية تتناول التحفيز من جانب مختلف.
- Hygiene Factors (العوامل الصحية) تشير إلى الاحتياجات الإنسانية التي إذا لم تتم تلبيتها فإنها تؤدي إلى عدم الرضا، أما إذا تمت تلبيتها فإنها قد لا تؤدي إلى الرضا. أمثلة ذلك الأجر، الأمن، وظروف العمل.
- Job Analysis (تحليل الوظائف) (طالعوا «التحليل»)
- Job Description (الوصف الوظيفي) يُعتبر جزءا من عقد العمل ويشرح المهام التي تشكّل الوظيفة ومسئولياتها، والتسلسل الوظيفي وعلاقات الإبلاغ بالنسبة لشاغل الوظيفة، والحد الأدنى من المؤهلات والخبرة المطلوبة.
- Job Satisfaction (الرضا الوظيفي) مدى رضا الموظف عن وظيفته. يُعتبر الرضا الوظيفي أحد العوامل التي تؤثر على سلوك الموظف وأداءه وإنتاجيته. (طالعوا «عوامل التحفيز»)
- Job Design (تصميم الوظيفة) كإسم، تشير إلى شكل الوظيفة وتشكيلها. كفعل، يشير إلى «عملية» تشكيل الوظائف. يتعلق تصميم الوظائف بتجميع المهام، التي عادة ما ترتبط ببعضها البعض من ناحية عملية معينة، في وظائف يمكن تكليف

أشخاص بالقيام بها. الطريقة التي يتم بها تصميم الوظائف عادة ما يكون لها أثر كبير على رضا وإنتاجية شاغل الوظيفة.

- **Job Enlargement** (توسيع نطاق الوظيفة) طريقة لإعادة تصميم الوظائف بحيث تُضاف إلى الوظيفة مهام أخرى بنفس مستوى الصعوبة (توسيع أفقي). يهدف التوسيع إلى تنويع المهام، وتقليص الرتابة، وتحسين الرضا والأداء والإنتاجية.
- **Job Enrichment** (إثراء الوظيفة) على نحو مشابه لتوسيع نطاق الوظيفة، يُعتبر إثراء الوظيفة طريقة لإعادة تصميم الوظيفة ولكن بشكل مختلف، إذ أن المهام التي تُضاف إلى الوظيفة تكون أكثر صعوبة وتضيف لها نطاقا وقيمة أكبر. يمكن لإثراء الوظيفة أن يُستخدم أيضا كأداة تدريجية للتقدم الوظيفي.
- **Job Evaluation** (تقييم الوظائف) عملية تقييم استحقاق الوظائف والقيمة النسبية لكل وظيفة في المؤسسة. وهي عملية تهدف إلى تخصيص درجة أو رتبة لكل وظيفة وتحديد الاجر المناسب لها، وذلك بطريقة عادلة ومنهجية.
- **Job Grading** (تدرج الوظائف) عملية تخصيص درجة ملائمة لكل وظيفة بالمؤسسة، وذلك بموجب نظام درجات محدد مسبقا.
- **Remuneration** (الأجر) الأجور والمرتبات، إلخ. التي تُدفع للعاملين كتعويض عن العمل الذي يقومون به.
- **Increment** (الزيادة الدورية) زيادة سنوية في أجر الموظف تُحدد عادة بموجب عوامل مثل الخبرة، وسنوات الخدمة بالمؤسسة، والأداء.
- **Incentives** (الحوافز) نظام مدفوعات يشجع العاملين على زيادة جهودهم، تقوم بموجبه المؤسسة بدفع مكافأئات لموظفيها في شكل مبالغ إضافية متناسبة مع إنتاجيتهم.
- **Redundancy** (فائض العمالة) الاستغناء عن خدمات موظف عندما يتم إلغاء وظيفته نتيجة لعملية إعادة تنظيم، أو إيقاف عمليات معينة، أو إغلاق المؤسسة بأكملها.
- **Discrimination** (التمييز) المعاملة غير المتكافئة للناس، مثل العاملين أو الزبائن، إلخ. على أساس عرقهم، أو نوعهم الإجتماعي، أو منشأهم، أو بسبب إعاقتهم، إلخ. وهي ممارسة يحظرها القانون في الكثير من الدول.
- **Worker** (العامل) شخص استأجرته مؤسسة، أو منظمة، إلخ. للقيام بعمل معين..
- **Blue Collar Workers** (أصحاب الياقات الزرقاء/عمال يدويون) راجعوا «العمال اليدويون».
- **White Collar Workers** (أصحاب الياقات البيضاء) مصطلح يشير إلى الموظفين المكتبيين.
- **Grey Collar Workers** (أصحاب الياقات الرمادية) مصطلح نادر الاستخدام ويشير إلى

العاملين الذين تكون وظائفهم مزيجا من العمل اليدوي والعمل المكتبي.

I

Indemnity (تعويض عن الأضرار) المبلغ الذي تدفعه شركة التأمين للشخص المؤمن عليه، كتعويض عن خسائر أو أضرار لحقت به.

Industry (الصناعة) كتلة من المؤسسات التجارية أو الصناعية المنخرطة في تصنيع سلع أو خدمات متشابهة أو بينها روابط مشتركة، مثل صناعة تقنية المعلومات، أو صناعة الحديد، إلخ.

Information Management (إدارة المعلومات) نظام يستخدم إمكانيات تقنية المعلومات في جمع البيانات وتصنيفها وتحليلها لكي يتسنى تقديمها بطريقة مفيدة وفي الوقت المناسب لمساعدة الإدارة والمستويات الأخرى من العاملين على اتخاذ قرارات مبنية على معلومات. قد يتضمن ذلك أنظمة لدعم القرارات مصممة لتوفير ميزة إضافية تتمثل في معالجة البيانات للوقوف على التبعات المتوقعة لمختلف الإجراءات التي تُتخذ.

Inputs (المُدخلات) الموارد التي يمكن للمؤسسة أن تستخدمها لإنتاج سلع أو خدمات. وهي تشمل القوة العاملة، والأموال، والمواد، والمعدات، إلخ.

Insolvency (الإعسار) عدم قدرة المقترضين على دفع ما يدينون به. عادة ما يحدث الإعسار عندما تفوق ديون المقترضين أصولهم، أو عندما تتجاوز نفقاتهم إيرادات المبيعات، على سبيل المثال. في بعض الحالات، يمكن للمقترضين - بمقتضى بنود القانون، أن يعلنوا إفلاسهم.

L

Letter of Credit (خطاب الاعتماد) يُستخدم في التجارة الدولية وهو عبارة عن مستند يصدره البنك الذي يمثل الجهة المشترية للسلع (المستورد) ويوجهه للبنك الذي يمثل البائع (المصدّر)، يضمن فيه البنك الذي أصدر خطاب الاعتماد أنه سيقوم بالدفع بمجرد شحن السلع وتقديم المستندات الداعمة.

Liability (قرض/المطلوبات) دين تدين به مؤسسة أو شخص نتيجة للاقتراض، أو شراء سلع أو خدمات بالدين.

- Current Liabilities (المديونية الجارية) المبالغ التي تدين بها مؤسسة للدائنين، ويجب سدادها على المدى القريب.
- Contingent Liability (المديونية المحتملة) احتياط لمديونية محتملة، إذا حدث ذلك، رغم أنه من الصعب التنبؤ بحدوث ذلك بشكل دقيق.
- Debentures (سندات دين) نوع من التمويل طويل الأجل. عادة ما يكون في شكل

قروض بضمان أصول المؤسسة أو أصول معينة بها، ويتميز بسعر فائدة ثابت وبطبيعته طويلة الأجل.

Linear Programming (البرمجة الخطية) أسلوب للتخطيط واتخاذ القرار يُستخدم للتوصل إلى الاستخدام الأمثل لموارد محدودة، أو لتخفيض التكلفة، من أجل تحقيق أقصى قدر من الأرباح، مثال ذلك استخدام قدرة انتاج محدودة لتصنيع سلع مختلفة لديها هامش أرباح مختلف. يساعد هذا الأسلوب على تحديد مزيج السلع الذي يحقق أكبر قدر من الأرباح.

Liquidation (التصفية) عملية بيع أصول المؤسسة بسبب إعسارها، حتى يتم السداد للدائنين. يمكن أن تحدث التصفية بناءا على طلب حملة الأسهم أو بأمر من المحكمة بناء على طلب من الدائنين.

M

Management (الإدارة) تم تعريفها بطرق مختلفة بواسطة مختلف المفكرين. أحد التعريفات الواضحة والوظيفية هو التعريف الذي أتى به هنري فايول - أب الإدارة الحديثة: «الإدارة هي أن تتنبأ وتخطط وتنظم، أن تنسق وأن تضع وتطبق الضوابط'' (كول 2004)

- Management by Exception (الإدارة بالاستثناء) نهج يقوم على تصميم نظام المعلومات الإدارية في المؤسسة بحيث يتم إصدار تقارير للإدارة تنحصر فقط في الانحرافات عن الخطط، حتى تقوم الإدارة باتخاذ إجراءات تصحيحية. في الممارسة العملية، يتطلب هذا النهج قدرا معينا من تخويل الصلاحيات، وفي بعض الحالات، يتم تخويل الإدارة الوسيطة للتعامل مع الانحرافات البسيطة عن الخطة. هذا النهج يمكن الإدارة العليا من التركيز على المسائل الهامة التي تتطلب قرارات استراتيجية.

- Management by Objectives (MBO) (الإدارة بالأهداف) نهج يقوم المدراء بموجبه بتحديد أهداف لإداراتهم أو أقسامهم بالتعاون مع رؤسائهم. يهدف هذا النهج إلى تحقيق قدر أكبر من الكفاءة وتزويد المدراء والموظفين بالدافعية والتحفيز. يتم تحديد وتحليل العوامل التي قد تعيق تحقيق الأهداف ومجالات النتائج الرئيسية، ومن ثم اتخاذ إجراء للقضاء على تأثيرها أو تخفيفه. يتم مراجعة النتائج بصورة دورية واتخاذ إجراءات تصحيحية عند الضرورة.

- Management by Walking Around (الإدارة بالتجول في مكان العمل) نهج يقوم المدير بموجبه بالتجول في مكان العمل، والتحدث مع العاملين ومناقشة العمل معهم، وملاحظة سلوكهم وأداءهم وعلاقاتهم. وهو نهج يقرّب المدراء من العاملين ويساعدهم على التعرف على المشاكل وأسبابها ويعزز الروح المعنوية للعاملين ويخفف حواجز الاتصال.

- Elements of Management (عناصر الإدارة) هناك تصنيفات مختلفة لها. فيما يلي أكثر العناصر، أو المهام، شيوعاً:

1. Planning (التخطيط) عملية وضع خطط للمؤسسة. وهي تتضمن تحديد الأهداف ووضع الهياكل التنظيمية والآليات الملائمة لتحقيق هذه الأهداف.
2. Coordination (التنسيق) عملية توزيع العمل والمسئوليات والأدوار وتخصيص الموارد بطريقة فعالة ومتوازنة لضمان العمل المتناغم بالمؤسسة.
3. Motivation (التحفيز) عملية تحقيق رضا العاملين، وهي تتعلق باتخاذ التدابير الكفيلة بتلبية احتياجات العاملين وتحقيق أهدافهم الشخصية لاعطاءهم الحافز والدوافع التي تؤدي إلى قيامهم بالعمل بكفاءة والتحلي بالسلوك العقلاني.
4. Control (الرقابة) مراقبة أداء المؤسسة لضمان بلوغ الأهداف المرجوة، واتخاذ الإجراءات التصحيحية في حالة الانحراف عن الخطط الموضوعة.

Marketing (التسويق) تم تعريفه بواسطة المعهد القانوني للتسويق ببريطانيا على النحو التالي: «التسويق هو تلك العملية الإدارية المسئولة عن التعرف على متطلبات الزبون، وتوقعها، وتلبيتها، وذلك على نحو مربح.“ يضيف كومار، 1990، «هي (عملية) تنسيق موارد الانتاج والتوزيع للسلع والخدمات، وتحديد وتوجيه طبيعة الجهود الكلية المطلوبة لبيع أكبر كمية من الانتاج للمستخدم، وذلك على نحو مربح.»

- Market (السوق) تم تعريفه بواسطة جمعية التسويق الأمريكية على النحو التالي: «مُجمَل القوى أو الظروف التي من خلالها يقوم البائعون والمشترون باتخاذ قرارات تؤدي إلى انتقال السلع والخدمات»
- Market Segmentation (تجزئة السوق) عملية تقسيم السوق إلى شرائح - أقسام أو أسواق فرعية - بموجب معايير معينة. يشمل ذلك تقسيم الزبائن إلى مجموعات أو أسواق فرعية حسب طبقاتهم الإجتماعية، أو شرائحهم العمرية، إلخ.، أو تقسيم الأسواق جغرافيا إلى مناطق، أو مقاطعات، أو أقاليم، إلخ.
- Market Structure (تركيبة السوق) الطريقة التي تتشكل بها مختلف جوانب السوق. على سبيل المثال، نظم التوزيع المعمول بها، والمنافسة، وتنظيم إمدادات المنتجات، وخصائص الزبائن وأفضلياتهم.
- Marketing Concept (مفهوم التسويق) نهج للأعمال موجّه نحو الزبائن ويركز على تلبية احتياجاتهم. (طالعوا Consumer Orientation «التوجّه نحو المستهلك»)
- Marketing Mix (المزيج التسويقي) العناصر الأربعة التي تستخدمها المؤسسة لتسويق سلعها أو خدماتها. تُعرف أيضا بـ Four P's of Marketing «العناصر الأربعة للتسويق». وهي: المُنتَج، والسعر، والترويج، والمكان. (طالعوا الفصل الثاني بالجزء الأول)
- Concentrated Marketing (التسويق المركز) خطة أعمال تقوم المؤسسة بموجبها

باستخدام مواردها وخبرتها لخدمة شريحة سواق واحدة، سواء كانت منطقة جغرافية، أو طبقة إجتماعية، أو شريحة عمرية، إلخ.

- Differential Marketing (التسويق التفاضلي) استراتيجية تسويق تقوم المؤسسة بموجبها بتخصيص مزيج تسويقي مختلف لكل شريحة من شرائح السوق حسب خصائص كل شريحة.
- Four Ps of Marketing (العناصر الأربعة للتسويق) (طالعوا Marketing Mix «المزيج التسويقي»)
- Competitive Markets (الأسواق التنافسية) (طالعوا Competition, Demand «المنافسة، الطلب»)
- Equilibrium Market Price (سعر السوق المتوازن) (طالعوا Pricing «تحديد السعر»)
- Integrated Marketing (التسويق المدمج) (طالعوا Integration «الدمج»)
- Customer Analysis (تحليل الزبائن) (طالعوا Analysis «التحليل»)
- Advertising (الإعلان) (طالعوا Advertising تحت الحرف «A" "الإعلان»)
- Monopoly (الاحتكار) هو الوضع الذي ينتج عن قيام مؤسسة مهيمنة بالسيطرة على إمدادات أحد المنتجات، وبالتالي تسيطر على سعر ذلك المنتج.

Mergers (عمليات الدمج) (طالعوا Amalgamation «الدمج»)

Memorandum of Association (عقد التأسيس) مستند تشترطه السلطات الحكومية المعنية ويوضح المعلومات الضرورية عن المؤسسة، بما في ذلك إسمها وأهدافها، وشكلها القانوني، ورأس مالها، وعدد الأسهم بها، إلخ.

Mission Statement (بيان المهمة) بيان يوضح الغرض من المؤسسة وأهدافها.

O

Organization (التنظيم/المنظمة)

1. كاسم، هي الكيان المُنَظّم الذي أُسس لغرض معين أو لتحقيق أهداف معينة، وهو يتكون من مجموعة من الناس لديها رغبة مشتركة في تحقيق هذه الأهداف. مثال ذلك الأندية الإجتماعية، والشركات، والمدارس، والهيئات الحكومية.
2. كإجراء، هي عملية تنظيم شئ ما. في سياق الإدارة، هي عملية تنظيم العمليات في كيان ما. وهي تتضمن تجميع المهام لخلق وظائف، وتجميع الوظائف في عمليات أو مهام أو أقسام، إلخ. لغرض وضع هيكل تنظيمي للكيان. كما تتضمن وضع السياسات والإجراءات التي تحكم مختلف جوانب العمليات.

- Bureaucracy (بيروقراطية) المنظمة التي تتسم بلوائح صارمة، وإجراءات وسياسات ثابتة، وهيكل تنظيمي محدد وتوزيع واضح للسلطات.

- Organization Analysis (التحليل التنظيمي) (طالعوا Analysis).
- Organizational Behavior (السلوك التنظيمي) مجال معرفي يتعلق بدراسة سلوك الأشخاص في العمل والدوافع والعوامل والمحفزات التي تؤثر على سلوكهم وتثيره.
- Organization Culture (ثقافة المؤسسة) العادات وطريقة التفكير الشائعة بالمؤسسة والتي تشكل سماتها، وهي تأخذ عدة أشكال. على سبيل المثال، اللغة الخاصة بها، أساليب القيادة، والممارسات، والعادات. تُعتبر ثقافة المؤسسة أحد العوامل التي تؤثر على أداء وسلوك العاملين.
- Organizational Development (التطوير الإداري) عملية مراقبة أداء الهيكل التنظيمي وملائمته، وتحديد التعديلات المطلوبة الناشئة عن تغير الظروف، وإجراء التعديلات الضرورية لضمان الفاعلية التنظيمية.
- Formal Organization (التنظيم الرسمي) التنظيم الذي لديه أهداف واضحة وهيكل تنظيمي رسمي تكون فيه الأدوار والمسئوليات محددة بشكل واضح.
- Informal Organization (التنظيم غير الرسمي) التنظيم الذي لا تكون فيه الأدوار والتسلسل الوظيفي محددان بشكل واضح. بدلا عن ذلك، تتمخض الأدوار الفردية عن حركية الجماعة، كما تنشأ الأدوار القيادية بشكل طوعي.
- Flat Organization (هيكل تنظيمي مسطح) هيكل تنظيمي مسطح الشكل ويتسم بسلسلة قيادة قصيرة (Chain of Command) واتساع نطاق الرقابة (Span of Control). طالعوا "Span of Control". هذا النوع من التنظيم قد لا يعمل بشكل فعال بدون أن يكون هناك قدر كبير من تخويل الصلاحيات.
- Tall Organization (الهيكل التنظيمي الطويل) على عكس الهيكل التنظيمي الأفقي، هذا هيكل تنظيمي عمودي ويتسم بسلسلة قيادة طويلة (عمودية)، وقنوات اتصال طويلة، ونطاق رقابة ضيق، وقدر أقل من تخويل الصلاحيات.
- Matrix Organization (الهيكل التنظيمي المصفوفي) هيكل تنظيمي يكون فيه التسلسل الوظيفي للموظفين تسلسلا متعددا. وهو يأخذ أشكالاً مختلفة تحت مختلف الظروف. على سبيل المثال، الموظفون المتخصصون يقدمون خدمات متخصصة ويكونون، فيما يتعلق بخدماتهم وعملهم، مسئولون أمام أكثر من مدير في أكثر من قسم. علاوة على ذلك، يكونون مسئولون أمام المدير المسئول عن تلك الخدمات المتخصصة. بالرغم من أن نوع التنظيم هذا يتعارض مع مبدأ «أحادية إصدار الأوامر» (Unity of Command)، إلا أن له فوائد عملية، كما أنه قابل للنجاح في ظروف معينة.
- Line and Staff Organization (التنظيم التنفيذي الاستشاري) في هذا النوع من التنظيم، يتم تحديد الوظائف التي تتعلق بالنشاط الأساسي للمؤسسة وتنظيمها

كوحدات تنظيمية منفصلة عن وظائف الدعم. Line Functions هي الوظائف التنفيذية، و Staff Functions هي الوظائف الاستشارية.

- Hierarchy (الهيكل) هو النمط الأفقي للتنظيم ويضم مستويات مختلفة من وظائف الإدارة، والإشراف، وغير ذلك من الوظائف. كلما ارتفع موقع الوظيفة في هذا الهيكل، كلما كانت صلاحياتها وسلطتها أكبر.
- Span of Control (نطاق الرقابة) عدد المرؤوسين المسئولين أمام المدير.
- Unity of Command (أحادية إصدار الأوامر) مبدأ تنظيمي يقوم على أنه يجب أن لا يكون الموظف مسؤولا أمام أكثر من مسئول واحد، بل يجب أن يتلقى تعليماته من مسئول واحد فقط. إلا أن الهيكل التنظيمي المصفوفي (طالعوا Matrix Organization) يُعتبر استثناءا لهذه القاعدة.
- Centralization vs. Decentralization (المركزية واللا مركزية) التنظيم المركزي يتسم بتركيز عملية اتخاذ القرار في مستويات الإدارة العليا. على عكس ذلك، التنظيم اللا مركزي يتسم بمزيد من تخويل الصلاحيات لمستويات الإدارة الوسطى.

Obsolescence (التقادم/بطلان الاستخدام) حالة أحد المنتجات أو أحد الأصول عندما تصبح قديمة نتيجة لتغير التكنولوجيا أو الأذواق، إلخ.، أو عندما يصل أحد المنتجات أو أحد الأصول إلى نهاية عمرهم التشغيلي. وهو أحد الاعتبارات الرئيسية عند تحديد معدل الاستهلاك للأصول وكذلك عند تقييم المخزون.

Operational Research (بحوث العمليات) نهج لتحليل مشاكل العمليات والانتاج المعقدة، من خلال استخدام طرق علمية ورياضية وإحصائية.

Outputs (المُخرَجات) المنتجات التي تنتجها المؤسسة نتيجة لاستخدام مُدخلات مثل الأيدي العاملة، والمواد، والمعدات، إلخ.

Outsourcing (الاستعانة بمصادر خارجية) مفهوم يقوم على شراء الخدمات والقطع، إلخ. من موردين خارج المؤسسة بدلا عن توفيرها أو تصنيعها داخلياً. الفوائد الرئيسية لهذا النهج هي أنه يمكّن المؤسسة من التركيز على نشاطها الأساسي، كما أنه بإمكان الموردين تزويد المؤسسة بمنتجات ذات نوعية عالية وبتكلفة أقل، إذ أنهم متخصصون وبإمكانهم الاستفادة من اقتصاديات الحجم الكبير (Economy of Scale). العيب في هذا النهج يتمثل في أن المؤسسة ستكون معتمدة على جهات أخرى في توريد السلع والخدمات، الأمر الذي قد يعرض عملياتها لمخاطر.

P

Patent (براءة اختراع) حق قانوني، يُمنح لشخص أو مؤسسة، في ملكية اختراع جديد والاستخدام الحصري له، أو في انتاجه أو بيعه. مثال ذلك مُنتَج جديد، أو فكرة جديدة، أو تعديل رئيسي على طريقة معمول بها، أو طريقة جديدة للإنتاج، إلخ. تظل براءات الإختراعات سارية ومحمية بواسطة القانون لعدد معين من السنين يختلف من دولة لأخرى.

Payback Method (طريقة فترة السداد) طريقة لتقييم المشاريع التي تتطلب استثمارا رأسمالياً. وهو يقوم على تقدير التدفقات النقدية من المشروع خلال عدد معين من السنين، أو خلال عمره التشغيلي بأكمله. من ثم يتم تقسيم التكلفة الكلية للمشروع على التدفقات النقدية السنوية المتوقعة للتوصل إلى عدد السنين التي يقوم فيها المشروع باسترداد تكلفته الإجمالية. إذا كانت التدفقات النقدية السنوية المتوقعة تختلف من سنة لأخرى، يتم جمعها من السنة الأولى فصاعدا حتى يصل مجموع التدفقات النقدية ما يعادل المبلغ المستثمر في المشروع، وبالتالي يتم التوصل إلى فترة السداد.

Portfolio (مصطلح متعدد المعاني) يُستخدم للإشارة إلى مجموعة أو تشكيلة ما، أو مجموعة من الناس أو الأشياء التي بينها شئ مشترك. في سياق الأعمال، يُستخدم المصطلح على نطاق واسع للإشارة إلى تشكيلة (محفظة) من الاستثمارات (مثل الأوراق المالية، والسندات، والأسهم، إلخ.) الاستخدامات الأخرى للمصطلح تشمل تشكيلة التكاليف، وتشكيلة المنتجات، وتشكيلة الزبائن.

Pricing (تحديد السعر) عملية تحديد أسعار منتجات المؤسسة. هناك العديد من العوامل التي تؤثر على سعر المُنتَج، مثل تكلفة الإنتاج، والطلب، والعرض، والمنتجات المنافسة، إلخ. علاوة على الاستراتيجيات التسويقية للمؤسسة. على سبيل المثال، الدخول في سوق جديد قد يتطلب تحديد أسعار منخفضة لتعزيز المُنتَج في السوق وجذب الزبائن. يمكن للمؤسسة في وقت لاحق رفع الأسعار بصورة تدريجية حتى تصل إلى السعر المطلوب.

- **Administered Pricing** (السعر الجبري)

1. السعر الذي يحدده الموردون. في بعض الحالات، يُعتبر ذلك ممارسة احتكارية يحظرها القانون.
2. الأسعار التي تحددها الحكومة، خاصة للسلع الضرورية أو الاستراتيجية، وذلك لحماية المستهلك. في هذه الحالة، تسمح الحكومة للموردين بالحصول على هامش ربح محدد.

- **Bundled Price** (التسعير على أساس حزم المنتجات) سعر يُحدد لتشكيلة من المنتجات المغلفة مع بعضها البعض كحزمة واحدة. عادة ما تلجأ المؤسسات إلى

هذا التكتيك في محاولة منها لزيادة مبيعات السلع التي عليها طلب أقل ضمن مزيج المنتجات بالمؤسسة، بالرغم من أن ذلك يتطلب تخفيض سعر المنتجات التي عليها طلب أكبر.

- **Equilibrium Market Price** (سعر السوق المتوازن) سعر المنتج عندما يتساوى العرض والطلب عليه. بموجب نظرية العرض والطلب، فإن الزيادة في عرض مُنتَج ما، خاصة عندما يزيد العرض عن الطلب، تؤدي إلى إنخفاض سعر المُنتَج. على العكس من ذلك، عندما ينخفض العرض، خاصة عندما يكون العرض أقل من الطلب، فإن سعر المُنتَج يرتفع، إذ يصبح المشترون على استعداد - أو مجبرين، على دفع سعر أعلى للحصول على المُنتَج. من جانب آخر، فإن سعر المُنتَج يُعتبر لاعبا رئيسيا في هذه المعادلة. فزيادة السعر تؤدي إلى انخفاض الطلب، والعكس بالعكس. يمكن توضيح ذلك بشكل بياني من خلال رسم منحنيات العرض والطلب. في هذا الرسم البياني، تُعتبر نقطة التقاء المنحنيين هي سعر السوق المتوازن.
- **Price Discrimination** (التمييز في الأسعار) بيع مُنتَج ما بأسعار مختلفة في أسواق مختلفة بناءا على عوامل مثل الطلب، وخصائص الزبائن، وحجم المبيعات، وأسعار السلع المنافسة، وتكلفة اللوجستيات في كل منطقة، إلخ. في بعض الحالات، تكون الأسعار المحددة في بعض الأسواق هي أسعار التعادل (بلا ربح أو خسارة) أو أقل من سعر التكلفة. على الرغم من ذلك، بحسب نظام محاسبة التكاليف بالمؤسسة واستراتيجيتها التسويقية، قد تستفيد المؤسسة من استغلال المزيد من طاقتها الانتاجية، ودخول أسواق جديدة، أو المحافظة على أسواقها الحالية من خلال أسعار تنافسية للغاية، واستعادة المزيد من تكاليفها الثابتة (Fixed Costs)، وبالتالي ترفع من أرباحها الإجمالية.

Products (المُنتَجات) السلع التي تنتجها مؤسسة مُصَنّعة، أو الخدمات التي تقدمها مؤسسة تعمل في مجال تقديم الخدمات.

- **Production** (الإنتاج)
  1. عملية تصنيع أو تدبير أو إنشاء أو تركيب أو إنتاج سلع أو خدمات.
  2. كمية السلع أو الخدمات المُنتَجة.
- **Product Mix** (مزيج المنتجات) تشكيلة السلع أو الخدمات التي تُنتَج أو تُباع بواسطة المؤسسة. قد تقوم المؤسسة بتنويع منتجاتها لتزويد المستهلك بخيارات متنوعة لكي ترفع من عائدات المبيعات لديها.
- **Product Life Cycle** (دورة حياة المُنتَج) المراحل الأربع الطبيعية المتعلقة بتسويق المُنتَج:
  1. تقديم المُنتَج في السوق، ويصحب ذلك حملات إعلانية وتسويقية

2. النمو، ويتسم بزيادة في المبيعات

3. النضج، حيث يتم ترسيخ حصة المؤسسة في السوق، وتبدأ المنافسة في الازدياد، وتدخل السوق منتجات جديدة منافسة

4. التراجع، حيث تنخفض المبيعات إلى مستويات تعتمد على عدة عوامل، مثل الأسعار، وخصائص السلع المنافسة التي دخلت السوق، والاستراتيجية التسويقية للمؤسسة، ومدى اعتمادها على سلع معينة لتقوم بتصنيع منتجاتها.

Profit (الربح) هو الهدف النهائي من تأسيس المؤسسة (باستثناء المؤسسات غير الربحية). وهو عبارة عن الفائض من عائدات المبيعات بعد خصم تكاليف إنتاج وتسويق السلع والخدمات التي بيعت (طالعوا "المحصلة" Bottom Line). تتكبد المؤسسة خسارة عندما تقل عائدات المبيعات عن التكلفة الكلية للمنتجات.

- **Gross Profit** (الربح الإجمالي) عائدات المبيعات بعد خصم تكاليف السلع التي بيعت (التكلفة هنا لا تشمل التكاليف العامة).
- **Net Profit** (صافي الربح) الربح الإجمالي بعد خصم التكاليف العامة.
- **Profit Margin** (هامش الربح) صافي ربح المؤسسة كنسبة مئوية من عائدات المبيعات. وهو نتاج لعائدات المبيعات بعد خصم التكاليف الكلية.
- **Profit-and-Loss Account** (حساب الربح والخسارة) بيان يوضح عائدات المبيعات والعائدات الأخرى للمؤسسة خلال فترة معينة (عادة ما تكون سنة مالية)، والتكاليف التي تكبدتها المؤسسة، والفرق بين هذين الرقمين. عندما يزيد عائد المبيعات عن إجمالي التكلفة، فهذا يشير إلى الربح. وعندما يقل عائد المبيعات عن إجمالي التكلفة، فهذا يشير إلى الخسارة.
- **Retained Profit** (الأرباح المستبقاة) ذلك الجزء من الأرباح، بعد خصم الضرائب، الذي لم يُدفع كأرباح لحملة الأسهم. بدلا عن دفع هذا الجزء من الأرباح لحملة الأسهم، تقوم المؤسسة باستخدامه لتمويل عملياتها أو تمويل توسعات أو مشاريع جديدة.
- **Protectionism** (الحماية الجمركية) سياسة تتبعها الحكومة لحماية صناعاتها الوطنية من المنافسة الأجنبية، حيث تفرض ضرائب ورسوماً عالية، أو تفرض حصصاً للسلع المستوردة.

Q

Quality Control (رقابة الجودة) الإجراءات المتعلقة بالتأكد من أن منتجات المؤسسة تستوفي معايير جودة محددة سلفاً من حيث المواد المستخدمة، والوزن، والحجم، والأداء، إلخ.، علاوة على استيفاء شروط قانونية معينة في بعض الحالات. (طالعوا «تكاليف رقابة الجودة» Quality Control Costs، وإدارة الجودة الشاملة Total Quality Management)

R

Retailing (البيع بالتجزئة) المرحلة الأخيرة من قنوات التوزيع (التصنيع - البيع بالجملة - البيع بالتجزئة). يتعلق ببيع السلعة إلى المستخدم النهائي ويتم بواسطة تجار التجزئة أو محلات البيع بالتجزئة مثل المتاجر الفردية ومتاجر السلسلة، إلخ.

Return (العائد) النسبة المئوية للربح أو محصّلة شئ ما، مثل مبلغ مُستَثمَر أو موارد أُستخدمت، إلخ.

- **Accounting Return** (الأرباح المحاسبية) نسبة تُستخدم لتقييم جدوى المشاريع الجديدة. يتم حساب هذه النسبة بواسطة عرض الأرباح السنوية التقديرية للمشروع كنسبة مئوية من المبلغ الإجمالي المُستَثمَر فيه. إذا بلغت الأرباح المتوقعة الأرباح المستهدفة، أو تجاوزتها، تقوم المؤسسة بالعمل بالمشروع.
- **Rate of Return** (معدل العائد) قياس لربحية المؤسسة يُعبر عنه كنسبة أو نسبة مئوية من الأرباح المتولدة من قيمة أصولها خلال الفترة المحاسبية.
- **Return on Capital Employed** (معدل العائد على رأس المال المستخدم) ربح المؤسسة خلال فترة محاسبية كنسبة مئوية من مبلغ رأس المال المستخدم خلال الفترة.
- **Risk** (المخاطر) احتمال تكبد خسارة. تُعتبر أحد العوامل التي يتعين على أي مشروع تجاري أن يقبل بها. وهو عامل ينشأ عن عدم التيقن الذي يحيط بعملية اتخاذ القرار والتخطيط، خاصة فيما يتعلق بالمستقبل. يُستخدم المصطلح أيضا للإشارة إلى الأخطار، أو احتمالية التعرض لإصابة أو أضرار، أو للإشارة إلى شخص أو عنصر يشكل خطراً.

S

Sampling (أخذ العينات) طريقة لإصدار أحكام أو تشكيل وجهات نظر أو أفكار عن شئ بأكمله، من حيث الخصائص أو السلوك أو الأذواق، إلخ.، من خلال تحليل أجزاء من ذلك الكل. يمكن أن يكون اختيار العينات عشوائيا من مجموعة سكانية بأكملها أو من مجموعات فرعية من السكان لديها خصائص مشتركة. تعتمد طريقة اختيار العينات على عدة عوامل، مثل الغرض من الدراسة المسحية، ومستوى الدقة المطلوب، والموارد المتاحة.

Stakeholders (أصحاب المصلحة) مجموعات الأشخاص الذين لديهم مصالح في المؤسسة أو يشعرون بالقلق من أدائها والآثار المترتبة عليها. وهم يشملون حملة الأسهم، والزبائن، والموظفين، والمجتمع ككل. لكل مجموعة منهم مصلحة أو اهتمام معين بالمؤسسة. وقد تكون مصالحهم متداخلة، أو قد يحوز جانب معين من عمليات أو أداء المؤسسة على اهتمام أكثر من مجموعة. على سبيل المثال، الموظفون يُعتبرون جزءا من المجتمع ككل، وهذا الأمر ينطبق على الكثير من حملة الأسهم. حملة

الأسهم مهتمون بالأرباح، وكذلك الموظفون، إذ أن ربحية المؤسسة تضمن استمرارية وظائفهم وربما زيادة أجورهم. كما أن حملة الأسهم والموظفين، باعتبارهم جزءا من المجتمع ككل، يهتمون بالآثار البيئية للمؤسسة، وهلم جرا.

Stock (المخزون) الموجودات التي تشمل المواد، والسلع قيد التصنيع، والسلع المكتملة. كما يُستخدم المصطلح أيضا للإشارة إلى الأسهم في شركة مساهمة، أو الإشارة إلى بعض أشكال الأوراق المالية.

- Stock Appreciation (ارتفاع قيمة المخزون) ارتفاع في قيمة مخزون المؤسسة نتيجة لعوامل مثل ارتفاع الطلب، أو انخفاض العرض (الشح)، أو التضخم.
- Stock Control or Inventory Control (مراقبة المخزون) عملية الإبقاء على المستوى الأمثل من المخزون على نحو يتسق مع جداول الانتاج، وتوقعات المبيعات، وطلبات الشراء من الزبائن، وذلك بطريقة تتجنب نقص الإمدادات من جهة والمخزون المفرط من جهة أخرى. يتم تجنب نقص الإمدادات من خلال تحديد حد أدنى للمخزون (Minimum Stock Level) لابد أن يكون متوفرا في كل الأوقات، بينما يتم تجنب المخزون المفرط من خلال تحديد حد أقصى للمخزون (Maximum Stock Level) لايجوز تجاوزه. أما التوازن بين المستويين، الأدنى والأقصى، فيحدث من خلال تحديد مستوى لإعادة تعبئة المخزون (Reorder Level) عندما ينخفض المخزون من سلع أو مواد معينة ليصل إلى ذلك المستوى، يتوجب إصدار أمر شراء لتجديد المخزون منها. هذه العملية تؤدي إلى التكلفة المُثلى للمخزون، حيث تخفض رأس المال المُعَطّل في شكل مخزون، وتجنب الهدر الناجم عن المخزون البالي أو الذي انتهت صلاحيته، كما أنها تضمن توفر مستويات المخزون المطلوبة لاستمرار العمليات بشكل سلس.
- Capital Stock (مخزون الأصول الرأسمالية) (طالعوا "Capital Goods" تحت "Capital")
- Economic Order Quantity (كمية الطلب الاقتصادية) الكمية المُثلى والأقل تكلفة من المواد أو السلع التي يتوجب شراءها لتجديد المخزون. هناك عدة عوامل تحدد الكمية المُثلى، مثل تكاليف الشراء والتغليف والتسليم، وتكلفة التخزين، وتكلفة تقادم المواد وتدهورها، والمبالغ المالية المحجوزة في شكل مخزون، وخصومات الكمية، إلخ. يتم حساب الكمية المُثلى من خلال نموذج يستخدم معادلات حسابية ويأخذ بالاعتبار كل العوامل ذات الصلة.
- Stock Valuation or Inventory Valuation (تقييم المخزون) عملية تحديد قيمة مالية عادلة لمخزون المؤسسة في وقت محدد عادة ما يكون نهاية السنة المالية. هناك طريقتان متعارف عليهما لتقييم المخزون:
- First-in, First-out (FIFO) (ما يدخل أولا، يخرج أولا) بموجب هذه الطريقة، يتم تقييم

المواد المستخدمة في السلع المباعة بموجب التكلفة التاريخية (تفترض أنه قد تم سحب المواد الأقدم من المخازن)، بينما يتم تقييم المخزون في نهاية الفترة المحاسبية بموجب التكلفة الحالية (تكلفة المواد التي وصلت أخيرا).

- Last-in, First-out (LIFO) (ما يدخل أخيرا، يخرج أولا) وهي طريقة على عكس الطريقة السابقة. بموجب هذه الطريقة، يتم تقييم المواد المستخدمة في السلع المباعة بموجب التكلفة الحالية (تكلفة السلع التي وصلت أخيرا)، بينما يتم تقييم المخزون في نهاية الفترة المحاسبية بموجب التكلفة التاريخية (تكلفة السلع الأقدم). إن طريقة تقييم المخزون لها تأثير كبير على البيانات المحاسبية للمؤسسة، خاصة حساب الربح والخسارة، إذ أن تكلفة المواد تُعتبر عنصرا يؤثر على الأرباح.

Strategic Planning (التخطيط الاستراتيجي) عملية وضع خطط وتدابير تقوم المؤسسة من خلالها بتحقيق أهدافها. يتوجب على المؤسسة أن تحدد رؤيتها، وأن تضع أهدافها، ومن ثم تضع استراتيجيات لتحقيق هذه الأهداف.

Suggestion Schemes (نظام الاقتراحات) نهج تتبعه بعض المؤسسات حيث يتم تشجيع العاملين على تقديم اقتراحات لتحسين مختلف جوانب العمل، مثل طرق الإنتاج، وظروف العمل، والسياسات، إلخ.

Synergy (التآزر/ التلاحم) الفوائد التي تنجم عن العمل المشترك لعناصر مختلفة تم تجميعها، حيث تكون النتيجة أو القيمة الإجمالية للعناصر المجتمعة، أو الكُل المتماسك، أفضل أو أكبر من محصلة أو قيمة هذه العناصر إذا عملت بشكل منفصل عن بعضها البعض. على سبيل المثال، يمكن أن ينجم التآزر عن تنويع منتجات المؤسسة، حيث يتم تجميع خبرة المؤسسة ومواردها الأخرى لإنتاج سلع جديدة وزيادة المبيعات. كما تُعتبر شهرة المؤسسة أو إسمها التجاري مثالاً آخر. فهي تجسد قيمة المؤسسة ككل، كوحدة متكاملة متآزرة، وهذه القيمة تفوق القيمة الإجمالية لأصولها إذا تم تقييمها بشكل منفرد.

System (النظام) مجموعة من المكونات، والقواعد، والمفاهيم، إلخ. التي تعمل بشكل مشترك كوحدة واحدة. مثال ذلك: الخطة، مناهج العمل، الإجراءات، إحدى الماكينات، إلخ.

Systematic (منهجي) شئ يتم بموجب قواعد أو إجراءات أو مناهج أو مبادئ معينة.

T

Tariff (التعريفة) ضريبة أو رسوم تفرضها الحكومة على السلع، خاصة السلع المستوردة. يشير المصطلح أيضا إلى سعر أو تكلفة شيئ ما.

Tender (مناقصة) طريقة لشراء سلع أو خدمات بأقل سعر ممكن. يقوم المشتري بتحديد الكمية والمواصفات وغيرها من الشروط المتعلقة بالسلع أو الخدمات المطلوبة، ثم يدعو موردي هذه السلع أو الخدمات إلى تقديم عروضهم على ذلك الأساس. يتم إرساء المناقصة على المورد الذي يعرض أفضل سعر ويلتزم بالشروط الأخرى

Total Quality Management (TQM) (إدارة الجودة الشاملة) نهج إداري يركز على التزام المؤسسة بأكملها، بكافة مستوياتها، بأعلى معايير الجودة أثناء كافة مراحل العمليات. وهو نهج يركز على جودة المنتجات علاوة على الاهتمام بالزبائن وتلبية احتياجاتهم. يقوم هذا النهج على فلسفة التوجّه نحو الزبون، وهي فلسفة تركز على احتياجات الزبائن الخارجيين والداخليين. تتم تلبية احتياجات الزبائن الخارجيين من خلال ضمان جودة المنتجات المباعة، والخدمات المقدمة، وطرق التسلم المريحة، إلخ. من جانب آخر، الزبائن الداخليون هم مختلف الإدارات والأقسام التي تتفاعل وتكمل بعضها البعض ضمن عملية الإنتاج. هذا النهج يؤكد على أن كل إدارة أو قسم تُعتبر زبوناً للإدارات والأقسام الأخرى، ويجب أن تُقدّم لها الخدمات على هذا الأساس. وهذا يمنح الأفراد في كافة الإدارات حافزا لتحسين نوعية الخدمات الداخلية التي يقدموها لبعضهم البعض، مما يؤدي إلى تخفيض التكاليف والهدر واستخدام الوقت بشكل أفضل، وتحسين جودة المُنتَج النهائي، مما يؤدي بدوره إلى تحقيق الهدف النهائي المتمثل في رضا الزبائن وزيادة الأرباح.

Trademark (العلامة التجارية) علامة أو صورة أو عبارة صُممت خصيصا وتُستخدم بواسطة المؤسسة لترمز إلى مُنتَج ما ولتسهّل التعرف عليه وتمييزه. بمجرد تسجيل العلامة التجارية لدى السلطات المعنية، تصبح محمية بموجب القانون.

Trend (النمط/التوجه) نزوع شئ ما أو أشخاص أو مجموعات من الناس إلى مسار معين، أو اتجاه معين، أو تبني مواقف أو عادات أو أذواق معينة، إلخ.، وعادة ما يكون ذلك نتيجة لعوامل مؤثرة معينة، أو بشكل يتسق معها. يمكن في بعض الأحيان توقع الأنماط أو التوجهات المستقبلية بناءا على الأداء أو الأنماط السابقة، مثل توقع المبيعات المستقبلية - رغم أنه لا يمكن ضمان دقة هذه التوقعات.

Turnover (العائد/الدوران/إجمالي الحركة) مصطلح يُستخدم في عدة سياقات؛ مثال ذلك:

1. حجم مبيعات المؤسسة خلال فترة معينة، عادة ما تكون السنة المالية (عائد المبيعات)

2. النسبة المئوية للعاملين الذين يتركون المؤسسة خلال فترة معينة (العاملين المُستعاضين)

3. حجم مبيعات المؤسسة كمضاعف لمتوسط المخزون (معدل دوران المخزون) - يشير إلى عدد المرات التي تحول فيها متوسط المخزون إلى مبيعات.

V

Value (القيمة)

1. كاسم، يشير المصطلح إلى سعر أو تكلفة شئ ما، أو أهمية أو فائدة شئ ما

2. كفعل، يشير إلى عملية تقييم أو تثمين شئ ما، أو تحديد أو تقدير سعره أو تكلفته أو قيمته، أو التأكيد على أهميته أو فائدته. يُستخدم المصطلح على نطاق واسع مع كلمات أخرى للإشارة إلى القيمة المضافة أو الفائدة التي تجنيها المؤسسة نتيجة لاستغلال الموارد. مثال ذلك: القيمة المضافة التي يحققها كل دولار تم استثماره، أو القيمة المضافة التي يحققها كل عامل بالمؤسسة.

W

Wholesaling (البيع بالجملة) المرحلة الثانية من قنوات توزيع المُنتَج (التصنيع - البيع بالجملة - البيع بالتجزئة). يقوم تجار الجملة بشراء السلع من المصنّعين بكميات كبيرة ثم يبيعونها لتجار التجزئة.

Work Study (دراسة أحوال العمل) دراسة منهجية لوظيفة أو عملية معينة تهدف إلى تطوير أفضل الأساليب فعالية وزيادة الإنتاجية. وهي تتضمن طريقتين: دراسة أساليب العمل، وقياس العمل.

- **Method Study** (دراسة أساليب العمل) دراسة منهجية للأساليب الحالية المستخدمة لأداء وظيفة ما، وذلك من أجل تطوير أساليب أكثر فعالية من حيث الوقت والجهد والمواد، إلخ.، وتحسين الإنتاجية، وتخفيض التكلفة.
- **Work Measurement** (قياس العمل) أساليب دراسة الوقت لتحديد الوقت المطلوب لأداء مهمة أو وظيفة معينة. وهي تساعد على وضع خطط للإنتاج وتحديد التكاليف ونظام المدفوعات (الحوافز).
- **Clerical Work Measurement** (قياس العمل الكتابي) أسلوب قياس يتعلق بقياس الأعمال المكتبية ووضع معايير وأسس مقارنة خاصة بها. يُشار إلى ذلك أيضا بـ «التنظيم والأساليب" Organization and Method أو (O & M)
- **Workflow Analysis** (تحليل سير العمل) (طالعوا Analysis)

Y

Yield (العائد/المردود) الدخل الذي تم توليده، أو عائد الاستثمار في الأسهم أو السندات، إلخ.

- **Dividend Yield** (عائد أرباح الأسهم) (طالعوا أرباح الأسهم "Dividend" و نسبة الأرباح الموزعة "Distribution Ratio")
- **Earnings Yield** (نتاج أرباح الأسهم) صافي الربح بعد الضرائب لكل سهم كنسبة مئوية من سعر السهم بالسوق.

الجزء الرابع
أسئلة الامتحانات السابقة
Past Exam Questions

مقدمة

النوعان الشائعان من أسئلة الامتحانات هما «الخيارات المتعددة،» حيث يُعرَض على الطلاب والطالبات عدة خيارات من الأجوبة ليختاروا الإجابة الصحيحة، و«الأسئلة المفتوحة» التي تتطلب مناقشة مسألة ما. هذا النوع الأخير من الأسئلة ينطوي في كثير من الأحيان على صعوبة كبيرة ولأجل ذلك قمت بتطوير أسلوب النطاق.

فيما يلي أسئلة سابقة من معهد الشئون الإدارية ببريطانيا (بإذن منهم) (The Institute of Administrative Management) لإعطائكم فكرة واضحة عن كيفية استخدام هذا الأسلوب في الأسئلة المفتوحة. يتعين عليكم التمرن على أسلوب النطاق تحت ظروف مشابهة لظروف الامتحان لكي تتمرسوا في استخدامه وتحققوا الاستفادة القصوى منه.

السؤال 1:

Distinguish between the two terms quality assurance and quality control, within Total Quality Management (TQM)

(ميّز بين المصطلحين «ضمان الجودة» و «رقابة الجودة» ضمن «إدارة الجودة الشاملة»)

The Institute of Administrative Management (I.A.M)

Effective Management (الإدارة الناجعة)

النهــج:

يتعين عليكم معرفة المعنى المحدد لكل من المصطلحات «إدارة الجودة الشاملة» و «ضمان الجودة» و «رقابة الجودة.» ضعوا في اعتباركم الفعل الذي يستدعي إجراء (Action Verb) وهو (Distinguish «ميّز»)، ثم عرفوا المصطلح Total Quality Management ووضحوا أهميته للمؤسسة. من ثم، عرفوا المصطلحات Quality Assurance و Quality Control وأشرحوا دورهما ضمن Total Quality Management والفرق بينهما. من ثم، اختموا إجابتكم بفقرة ختامية توجز النقاط الرئيسية التي، في هذه الحالة، تكون أوجه الفرق الرئيسية بينهما.

لهذه الغاية، دعونا نستكشف جوانب النطاق (Aspects of the Ambit) والأعماق (Depths) لكي نبحث صلتهم بهذا الموضوع وفائدتهم في تناوله. توضح القائمة التالية هذا التمرين.

النطاق:

الجانب	ضمان الجودة	رقابة الجودة
Definition التعريف أو التحديد	(اكتبوا أو صيغوا تعريفكم عند نهاية التمرين)	(اكتبوا أو صيغوا تعريفكم عند نهاية التمرين)
Spatial Aspect الجانب المكاني	نشاط يتم على نطاق المؤسسة	في خط الإنتاج بشكل رئيسي.
Time Aspect الجانب الزمني	نشاط مستمر يتعلق بعملية التصميم، والمراجعة، إلخ.	عند إنتاج السلعة أو أحد أجزاءها، أو عند سحب مواد لاستخدامها
People Involved الأشخاص المعنيون	العاملون من مختلف الأقسام، مثل قسم الإنتاج، والتسويق، والبحوث والتطوير، إلخ.	العاملون في قسم الإنتاج بشكل رئيسي
Reasons/ Causes الأسباب/الأهداف	للحفاظ على معايير الجودة للمنتجات أو الخدمات	لضمان استيفاء معايير الجودة
The Way it Happens طريقة الحدوث	من خلال الجهود المشتركة للأقسام العاملة في تصميم المنتجات ووضع معايير الجودة	يقوم العاملون في رقابة الجودة بفحص المنتجات والمكونات والمواد المستخدمة، إلخ. للتأكد من أنها مطابقة للمواصفات، وسحب المنتجات المعطوبة لاتخاذ إجراء بشأنها.
التبعات (O):	المنتجات ذات النوعية الجيدة تغري المستهلكين بشراءها، مما يحافظ على حصة السوق أو زيادتها ويضمن استمرارية نشاط الشركة.	الحيلولة دون وصول السلع المعطوبة إلى المشترين والحفاظ على صورة السلع والمؤسسة.
الأعماق Depths		
المجال Scope	على نطاق المؤسسة	خط/موقع الإنتاج
العوامل Factors	تشمل قدرات المؤسسة في مجالات هندسة التصميم وبحوث التسويق لكي تحدد توقعات وأفضليات المستهلكين.	أساليب الفحص، والمكونات والمواد المستخدمة، وإعدادات الآلات، وتدريب العاملين، إلخ.
المقارنات Comparisons	(طالعوا Aspects & Depths «الجوانب والأعماق»)	(طالعوا Aspects & Depths «الجوانب والأعماق»)
العناصر Elements	أقسام التسويق، والإنتاج، والمشتريات، والبحوث والتطوير	المنتجات، والمكونات، والمواد.
Forms/Types الأشكال/الأنواع	لا ينطبق	لا ينطبق
Characteristics الخصائص	(تم تحديدها مسبقا)	(تم تحديدها مسبقا)
Assumptions الافتراضات	لا ينطبق	لا ينطبق
Alternatives البدائل	لا ينطبق	لا ينطبق
Constraints القيود	معايير الجودة الإقليمية، على سبيل المثال	معايير جودة المواد والمكونات المستخدمة

كما يُلاحظ من هذه القائمة، قام الـ Ambit (النطاق) بتغطية المسائل الحيوية المتعلقة بالموضوع، كما ميّز بين المفهومين وحدد أوجه الفرق بينهما. يُعتبر ضمان الجودة نشاطا على مستوى المؤسسة يضم كافة الأقسام، بينما تنحصر رقابة الجودة في خط الإنتاج. ضمان الجودة نشاط مستمر، بينما يتم القيام برقابة الجودة عند إنتاج المُنتَج. من جانب آخر، ألقت «الأعماق» (Depths) الضوء على زوايا معينة، مثل العوامل، والعناصر، والقيود ذات الصلة. يمكنكم الآن التوسع في توضيح هذه النقاط وكتابة إجابتكم على هذا الأساس. كما يمكنكم استخدام الكلمات الرئيسية والقاموس العملي إذا احتجتم لذلك. وعليه، يمكنكم صياغة تعاريف سليمة للمصطلحين بناءا على المعلومات التي كونتموها من خلال هذا التمرين.

يمكن، على سبيل المثال، تعريف ضمان الجودة "Quality Assurance" على النحو التالي:

نشاط مستمر يتم على نطاق المؤسسة ويتطلب مشاركة مختلف الأقسام العاملة، بما في ذلك أقسام التسويق والإنتاج والبحوث والتطوير، ويهدف إلى وضع معايير الجودة للسلع والخدمات، ومراجعة هذه المعايير والحفاظ عليها، لغرض حث الزبائن على شراء منتجات المؤسسة، والحفاظ على حصة السوق أو زيادتها، وضمان استمرارية نشاط الشركة.

يمكن، من جانب آخر، تعريف رقابة الجودة "Quality Control" على النحو التالي: نشاط يتعلق بفحص المنتجات ومكوناتها والمواد المستخدمة في تصنيعها للتأكد من أنها تستوفي مواصفات ومعايير جودة محددة مسبقاً. وهو نشاط يهدف إلى الحيلولة دون وصول المنتجات المعطوبة إلى المستهلكين، لغرض الحفاظ على سمعة السلع والمؤسسة.

السؤال 2:

Outline the key factors that may influence the process of decision-making

(أكتبوا موجزاً عن العوامل الرئيسية التي قد تؤثر على عملية اتخاذ القرار)

I.A.M

Effective Management (الإدارة الناجعة)

النهج: إحدى الطرق للإجابة على هذا السؤال هي البدء بكتابة فقرة افتتاحية تلقي الضوء على أهمية اتخاذ القرار في المؤسسات، وأنواع القرارات - مثل القرارات الاستراتيجية والتشغيلية والإدارية. في الفقرة الثانية، صفوا عملية اتخاذ القرار والخطوات المتبعة بها (نموذج اتخاذ القرار). مع التركيز على الفعل الذي يستدعي إجراء، وهو «Outline» أو ''أوجزوا.'' لخصوا في فقراتكم التالية العوامل الرئيسية التي تؤثر على العملية.

على أية حال، يُعتبر هذا السؤال من الأسئلة الواضحة. إذا كنتم تعرفون العوامل عن ظهر قلب، فلا حاجة لكم لاستخدام «النطاق.» أما إذا لم تكونوا تعرفونها، فإن «النطاق والأعماق» يمكن أن تساعدكم على تحديد هذه العوامل.

القائمة التالية توضح كيفية استخدام «النطاق» و «الأعماق»:

الجانب	الوصف
Definition التعريف أو التحديد	عملية تُعتبر جزءا من حياتنا اليومية. ففي المؤسسات، تُعتبر أحد الأنشطة الرئيسية للمدراء والتنفيذيين وغيرهم من المسئولين لتحديد إجراءات العمل المناسبة.
Spatial Aspect الجانب المكاني	نحن نتخذ قرارات في المنزل وفي أماكن العمل ومراكز التسوق، إلخ.
Time Aspect الجانب الزمني	نحن نتخذ قرارات في كل الأوقات ومختلف المناسبات، وذلك لأغراض قصيرة المدى أو متوسطة أو بعيدة المدى.
People Involved الأشخاص المعنيون	متخذو القرارت، مثل المدراء والتنفيذيين والمسئولين. - المتأثرون بالقرارات، مثل الموظفين والزبائن وأصحاب المصلحة، إلخ.
Reasons الأسباب	لتحديد الإجراء المناسب.
The Way it Happens طريقة الحدوث	تحديد المشكلة أو المسألة، وجمع البيانات ذات الصلة، ووضع حلول بديلة، وتقييم تبعات كل حل من هذه الحلول، واختيار الحل الأمثل وتطبيقه، ثم تقييم النتائج. (نموذج إتخاذ القرار)
التبعات (O):	تبعات قصيرة، أو متوسطة أو بعيدة المدى.
الأعماق Depths	
Scope المجال	في هذا السياق، يتعلق هذا بمجال العملية. فالعملية تنطوي على عامل زمني: قصير، أو متوسط أو طويل المدى؛ وأهمية القرار بشكل عام.
Factors العوامل	(يمكن تحديدها في نهاية التمرين)
Comparisons المقارنات	تقييم الحلول البديلة.
Elements العناصر	(طالعوا The Way it Happens «طريقة الحدوث»)
Forms/Types الأشكال/الأنواع	قرارات استراتيجية، وتشغيلية، وإدارية، قابلة للبرمجة أو غير قابلة لها.
Characteristics الخصائص	(طالعوا Aspects & Depths «الجوانب والأعماق»)
Assumptions الافتراضات	قد تتطلب العملية وضع افتراضات في حالة عدم توفر معلومات كافية.
Alternatives البدائل	تحديد إجراءات العمل/الحلول البديلة.
Constraints القيود	تشمل حدود سلطة أو صلاحيات متخذ القرار، وسياسات وأهداف المؤسسة، إلخ.

إذا لم تتمكنوا من تذكر بعض العوامل، يمكنكم الربط بين المعلومات التي ولّدتموها باستخدام «النطاق» و «الأعماق» لكي تقفوا على ما تعرفونه عن هذا الموضوع.

Aspects & Depths «الجوانب والأعماق»	عوامل اتخاذ القرار
التبعات (O):	تبعات القرار وأهمية هذه التبعات
People Involved الأشخاص المعنيون	عواطف متخذي القرار. تأثير القرار على الآخرين.
Time Aspect الجانب الزمني	قصير المدى، أو متوسط أو طويل المدى
القيود Constraints	أهمية القرار. حدود سلطة أو صلاحيات متخذ القرار. سياسات المؤسسة وأهدافها. البيانات المتوفرة
البدائل Alternatives	الحلول البديلة الممكنة.

يمكنكم الآن إزالة المعلومات المتكررة والمتداخلة وكتابة إجابتكم على هذا الأساس.

السؤال 3

If culture is interpreted as "the way things are done around here," what questions could you ask to identify the current culture in an organization?

(إذا كان يمكن تفسير الثقافة باعتبارها «طريقة القيام بالأشياء هنا» ما هي الأسئلة التي تطرحونها لتحديد الثقافة السارية في مؤسسة ما؟)

I.A.M

Systems & Activities (الأنظمة والأنشطة)

النهج: ركزوا على الكلمات «الأسئلة» و «تحديد» الواردة بالسؤال. ثم تدارسوا التعبير «طريقة القيام بالأشياء هنا» الذي يشير ضمناً إلى أن الثقافة عبارة عن تجسيد لسلوك المؤسسة بشكل عام. وعليه، فإن المطلوب منكم طرح الأسئلة التي تساعدكم على تحديد ثقافة المؤسسة. هذه الأسئلة تتطابق مع العوامل التي تشكل الثقافة. إذا لم تتمكنوا من تذكر بعض أو كل هذه الأسئلة، استكشفوا «النطاق» و «الأعماق» لهذا الغرض.

الجانب	الوصف
Definition التعريف أو التحديد	(تفسير «الثقافة» وارد بالسؤال نفسه)
Spatial Aspect الجانب المكاني	العوامل الداخلية والخارجية المؤثرة
Time Aspect الجانب الزمني	تتشكل الثقافة بمرور الزمن
People Involved الأشخاص المعنيون	الإدارة، العاملون، أصحاب المصلحة
Reasons/ Causes الأسباب/الأهداف	لا ينطبق
The Way it Happens طريقة الحدوث	تتجسد في لغة المؤسسة وطقوسها وسياساتها وإجراءاتها، ومواقف العاملين بها، وأساليب الإدارة، والهيكل التنظيمي، إلخ. هذه العوامل تشكل الثقافة التي، بدورها، تصبح تجسيدا لهذه العوامل.
التبعات (O):	تؤثر على سلوك العاملين وأداء المؤسسة ككل.
الأعماق Depths	
Scope المجال	المؤسسة بأكملها.
Factors العوامل	(يمكن تحديدها في نهاية التمرين)
Comparisons المقارنات	لا ينطبق في هذا السؤال
Elements العناصر	(Factors العوامل)
Forms/Types الأشكال/الأنواع	ثقافة الأدوار (Roles Culture) ثقافة النفوذ (Power Culture)، ثقافة المهام (Task Culture)، والثقافة القائمة على الأشخاص (Person-Oriented).
Characteristics الخصائص	(طالعوا Aspects & Depths «الجوانب والأعماق»)
Assumptions الافتراضات	لا ينطبق
Alternatives البدائل	لا ينطبق
Constraints القيود	من الصعب تغييرها، إذ أن بعض العوامل التي تشكلها تتجاوز سيطرة الإدارة، مثل خلفية العاملين.

الآن، يمكنكم استخراج الأسئلة ذات الصلة من المعلومات التي قمتم بتوليدها. وكما تعلمون، فإن «النطاق» يتطابق مع الأسئلة الستة والتبعات (The 6 Ws & O) وهي الأسئلة الأساسية التي من شأنها أن تقودكم إلى الإجابة المطلوبة. يمكن توضيح هذه العملية على النحو التالي:

الجانب المكاني (أين): ما هي العوامل الداخلية والخارجية ذات الصلة؟

العوامل الداخلية:	
الأشخاص المعنيون (من)؟	الإدارة: ما هي أساليب الإدارة؟ العاملون: ما هي خلفياتهم ومهاراتهم ومواقفهم، إلخ.؟
طريقة الحدوث (كيف)؟	ما هي اللغة المستخدمة بالمؤسسة والطقوس المعمول بها؟ ما هي الأهداف التي تريد تحقيقها؟ ما هي الهياكل التنظيمية وقنوات الاتصال المعمول بها؟ ما هي السياسات والإجراءات المعمول بها؟ ما هي التكنولوجيا المستخدمة؟
العوامل الخارجية:	
الأشخاص المعنيون (من)؟	ما هو دور وتأثير أصحاب المصلحة في المؤسسة؟ ما هي المنافسة التي تواجهها المؤسسة؟
Forms/Types الأشكال/الأنواع	استناداً إلى الإجابات على هذه الأسئلة، يمكنكم أن تحددوا نوع الثقافة بالمؤسسة، سواء كانت ثقافة الدور، أو ثقافة النفوذ، أو ثقافة المهام، أو الثقافة القائمة على الأشخاص.

لقد ولّدتم الآن عدداً من الأسئلة التي لها صلة بتحديد نوع الثقافة في المؤسسة. يمكنكم الآن كتابة إجابتكم على هذا الأساس.

السؤال 4

Define benchmarking (عرّفوا «المقارنة المعيارية»)

Explain how benchmarking can be used to improve quality?

وضّحوا كيف يمكن استخدام المقارنة المعيارية لتحسين الجودة

I.A.M

Systems & Activities (الأنظمة والأنشطة)

النهج: هذا السؤال يتكون من جزئين، ويتعين التعامل مع كل جزء كسؤال قائم بذاته. لقد رأيتم حتى الآن كيف يمكن صياغة مختلف التعريفات بإستخدام «النطاق»، وفي بعض الأحيان، «الأعماق». يمكن تعريف المقارنة المعيارية باستخدام نفس الأسلوب. من جانب آخر، يمكن لنموذج الإدارة أن يكون مفيداً في الجزء الثاني من السؤال. كما أن المعلومات التي يتم جمعها في الجزء الأول ستكون مفيدة في الجزء الثاني.

الجانب	الوصف
Definition التعريف أو التحديد	(ستتم صياغته في النهاية)
Spatial Aspect الجانب المكاني	مقارنة الأداء الداخلي والخارجي للمؤسسة بأداء مؤسسة أخرى.
Time Aspect الجانب الزمني	في الوقت الحالي
People Involved الأشخاص المعنيون	تشمل مهارات العاملين، وتدريبهم، ومواقفهم، إلخ.
Reasons/ Causes الأسباب/الأهداف	للتعرف على طرق أفضل للإنتاج، واستراتيجيات تسويق وطرق توزيع أكثر فاعلية.
The Way it Happens طريقة الحدوث	تتطلب تحديد العمليات التي تحتاج إلى تحسين، ودراسة الأساليب المتبعة في مؤسسات يتم اختيارها بعناية، ومن ثم موائمة أساليب هذه المؤسسات لغرض تطبيقها في المؤسسة.
التبعات (O):	أساليب أفضل ومستوى أعلى من الجودة والتنافسية.
الأعماق Depths	
المجال Scope	يعتمد على الظروف والحاجة، ولكنه يشمل أساليب العمل، والإجراءات، ومعايير الجودة، ورقابة الجودة، وعمليات الشراء، واستراتيجيات التسويق، إلخ.
العوامل Factors	لا ينطبق
المقارنات Comparisons	لا ينطبق
العناصر Elements	(المجال Scope)
الأشكال/الأنواع Forms/Types	لا ينطبق
الخصائص Characteristics	(طالعوا Aspects & Depths «الجوانب والأعماق»)
الافتراضات Assumptions	لا ينطبق
البدائل Alternatives	لا ينطبق
القيود Constraints	إحجام المؤسسات المنافسة عن الإفصاح عن أساليبهم المتبعة.

الأجوبة:

يمكن الآن صياغة تعريف عملي للمقارنة المعيارية على نحو مشابه للآتي: المقارنة المعيارية عملية تهدف إلى التعرف على أفضل الممارسات المتبعة في صناعة ما لغرض مواكبتها وتحسين تنافسية المؤسسة بشكل عام. وهي تتطلب اختيار العمليات التي تحتاج إلى تحسين، وتحديد المؤسسات الرائدة في الصناعة المعنية ودراسة أساليب الإنتاج لديهم وجودة منتجاتهم واستراتيجيات التسويق الخاصة بهم وطرق المشتريات والتوزيع، إلخ. ومن ثم موائمة أساليب هذه المؤسسات لغرض تطبيقها في المؤسسة.

استذكروا نموذج الإدارة. كوّنوا صورة للعلاقة بين المقارنة المعيارية، وفعالية التكلفة، وأساليب العمل، والتكنولوجيا، وكفاءة استخدام المواد والأيدي العاملة، وإدارة الجودة الشاملة. أيضاً كوّنوا صورة عن طريقة ارتباط المقارنة المعيارية بالملاحظات والمعلومات الواردة، والأهداف، والخطط، ومن ثم علاقتها بالمنتجات والأسواق والتوجه نحو المستهلك.

تذكروا أن هذا الجزء من السؤال يركز على مصطلح الجودة. وضحوا سمات الجودة، مثل تصميم المُنتَج، ومعايير الجودة من حيث أداء المُنتَج والمواد والمكونات المُستَخدمة، إلخ.، علاوة على ضمان المُنتَج. من ثم أشرحوا كيف يمكن استغلال المقارنة المعيارية لإجراء التحسين.

السؤال 5

.Advise on how marketing research can refine the marketing mix

(بيّنوا كيف يمكن لبحوث التسويق أن تصقل المزيج التسويقي)

I.A.M

Managing Marketing (إدارة التسويق)

النهج: يمكنكم البدء في إجابتكم بتعريف «بحوث التسويق» ودورها ضمن المؤسسة. ثم اذكروا عناصر المزيج التسويقي (The 4 Ps) وأعطوا موجزا عنها، وهي: المُنتَج، والسعر، والترويج، والمكان. ومن ثم وضحوا كيف يمكن لبحوث التسويق أن تحسّن من هذا المزيج. لهذه الغاية، استكشفوا «النطاق» و» الأعماق».

الجانب	التعريف
Definition التعريف/التحديد:	عملية تتعلق بدراسة كافة جوانب استراتيجية التسويق بالمؤسسة، الحالية والمُزمعة.
Spatial Aspect الجانب المكاني	الأسواق، الأقاليم، المناطق المحلية، أو الدول التي تعمل بها المؤسسة أو تخطط للعمل بها.
Time Aspect الجانب الزماني	على سبيل المثال، العوامل الموسمية التي تؤثر على الطلب والمبيعات.
Reasons الأسباب	لكشف الحقائق المتعلقة بالسوق (أين)، والمنتجات (ماذا)؛ وتحديد المستهلكين (من) وخصائصهم وأذواقهم وأفضلياتهم وتوقعاتهم ومناطقهم الجغرافية (أين)؛ ومعرفة الأسباب التي تدفعهم إلى شراء المُنتَج (لماذا)، والسعر المستعدون لدفعه (ماذا)؛ طرق توصيل المُنتَج المفضلة لديهم (كيف وأين).
People Involved الأشخاص المعنيون	شرائح السوق الحالية: الشرائح العمرية، الفئة الإجتماعية، إلخ. التي تشكل الطلب على السلعة ولذا يجب استهدافها.
The Way it Happens طريقة الحدوث	من خلال إجراء دراسات استقصائية عن الأسواق بالطرق الملائمة.
التبعات (O):	زبائن راضون ودائمون، وعمل تجاري مربح.

الأعماق Depths	
المجال Scope	يشمل الأسواق ومواقعها، وشرائح السوق، والمستهلكين، والمنتجات، والمنافسة، إلخ.
Factors العوامل	المُنتَج، والسعر، والترويج، والمكان.
Comparisons المقارنات	مع المنافسين
Elements العناصر	(طالعوا Factors «العوامل»)
Forms/Types الأشكال/الأنواع	الأنواع الشائعة هي المقابلات/ الاستطلاعات الميدانية والاستبيانات (يمكن أن تكون على الانترنت)
Assumptions الافتراضات	لا تنطبق
Alternatives البدائل	(طالعوا Forms/Types الأشكال/الأنواع)
Constraints القيود	تشمل شح الموارد المالية وقلة الأيدي العاملة الكفيلة بإجراء بحوث مكثفة. في بعض الأحيان تكون هناك صعوبة في تفسير المعلومات.

لقد جمعتم حتى الآن قدرا مُعتبرا من المعلومات المتعلقة ببحوث السوق كعملية، وذلك حتى يتسنى لكم وصفها أو تعريفها. يمكنكم الآن تعريفها بأنها العملية التي تتعلق بدراسة مختلف جوانب استراتيجية التسويق بالمؤسسة، الحالية أو المُزمعة. وهي عملية تتطلب تحديد الأسواق الحالية والمستقبلية، وشرائح السوق الحالية والمُستهدفة، والعوامل الموسمية التي قد تؤثر على الطلب. وهي تنطوي على تحديد خصائص الزبائن وأذواقهم وأفضلياتهم وتوقعاتهم، والعوامل التي تدفعهم إلى شراء المُنتَج، والأسعار التي بوسعهم دفعها، وطرق التوصيل/التوزيع التي يفضلونها. تهدف بحوث التسويق إلى خلق زبائن والاحتفاظ بهم لضمان استمرارية وربحية العمل التجاري.

علاوة على ذلك، يتعين عليكم شرح الدور الذي تقوم به بحوث التسويق ضمن الإطار العام للمؤسسة. لهذا الغرض، استرجعوا في ذاكرتكم نموذج الإدارة (Management Model) واستحضروا موقع بحوث السوق في الرسم البياني، وكيف أنها مرتبطة بالملاحظات والمعلومات الواردة (Feedback)، والأهداف (Objectives)، والخطط (Plans). من ثم، حددوا عناصر المزيج التسويقي (The 4 Ps)والقوا عليها بعض الضوء. وضحوا كيف يمكن للبيانات التي تُجمع من خلال بحوث التسويق أن تساعد على تحسين كل عنصر من عناصر المزيج التسويقي.

وأخيرا، وضحوا كيف أن التغييرات (أو التحسينات) التي تُجرى على المزيج التسويقي قد تؤدي في بعض الأحيان إلى تغييرات استراتيجية رئيسية، مثل إلغاء منتجات معينة، أو الخروج من سوق معين، أو دخول سوق جديد، أو تغيير الترتيبات اللوجستية، إلخ. هذه التغييرات يمكن بدورها أن تؤدي إلى تغييرات في الهياكل التنظيمية أو في

التوجه الاستراتيجي للمؤسسة.

السؤال 6

Advise how information can be effectively managed to reduce the problems of information overload

(قدموا توصيات حول كيفية إدارة المعلومات بشكل فعال لتقليص مشاكل فيض المعلومات)

I.A.M

Business Administration إدارة الأعمال

النهج:

1. أشرحوا بإيجاز معنى إدارة المعلومات (Information Management) وألقوا بعض الضوء على أهميتها في المؤسسة.
2. اشرحوا بإيجاز معنى فيض المعلومات (Information Overload) وأسبابه، وكيفية حدوثه، والمشاكل التي يسببها.
3. قدموا توصيات بالتدابير الكفيلة بإدارة المعلومات بشكل فعال لتقليص مشاكل فيض المعلومات.

الأجوبة:

1. في القاموس العملي الذي يضمه هذا الكتاب، تم تعريف Information Management (إدارة المعلومات) بأنه «نظام يستخدم إمكانيات تقنية المعلومات في جمع البيانات وتصنيفها وتحليلها لكي يتسنى تقديمها بطريقة مفيدة وفي الوقت المناسب لمساعدة الإدارة والمستويات الأخرى من العاملين على اتخاذ قرارات مبنية على معلومات. قد يتضمن ذلك أنظمة لدعم القرارات مصممة لتوفير ميزة إضافية تتمثل في معالجة البيانات للوقوف على التبعات المتوقعة لمختلف الإجراءات التي تُتخذ.» بالتالي، يضم هذا التعريف الفوائد الرئيسية لإدارة المعلومات وأهميتها. يمكن الحصول على معلومات إضافية لتعزيز إجابتكم من خلال استكشاف «النطاق» و «الأعماق» على النحو الموضح بالجدول أدناه.

2. يتجسد فيض المعلومات في إرسال رسائل زائدة عن الحاجة أو توفير معلومات زائدة عن الحاجة بطريقة تعيق العمل. تشمل الأسباب الرئيسية لفيض المعلومات وجود خلل في الهيكل التنظيمي، ووجود قنوات اتصال وتسلسل قيادي غير ملائم أو غير واضح، وكذلك تصميم أنظمة إدارة المعلومات بشكل غير سليم. إن الحجم الكبير من المعلومات غير المطلوبة التي يتلقاها الأشخاص يعيق قدرتهم على

التركيز على المعلومات المفيدة، ويتسبب في هدر وقتهم وتبديد جهودهم مما يؤدي إلى الارتباك والاحباط.

لكي تقدموا توصيات حول إدارة المعلومات بشكل فعال، استكشفوا ''النطاق والأعماق.''

الجانب	الوصف
Definitionالتعريف	(ورد أعلاه)
Spatial Aspect الجانب المكاني	يجب توليد المعلومات ومعالجتها في المكان الملائم، وإرسالها إلى المكان الصحيح.
Time Aspect الجانب الزمني	يجب توليد المعلومات ومعالجتها في الوقت الملائم، وإرسالها في الوقت الملائم.
People Involved الأشخاص المعنيون	يجب أن يتلقى الأشخاص المعنيون المعلومات الملائمة وأن يكونوا مدربين بشكل لائق ولديهم تعليمات واضحة عن كيفية استخدام المعلومات على النحو الذي يفيد المؤسسة.
Reasons/ Causes الأسباب/الأهداف	لتسهيل عملية صنع القرار، واتخاذ الإجراءات التصحيحية، والاستجابة لتغير الظروف، وكذلك لوضع الخطط.
The Way it Happens طريقة الحدوث	(طالعوا «التعريف»). علاوة على ذلك، يجب تحديد الاحتياجات إلى المعلومات على مستوى الأقسام والأشخاص حتى يتسنى تخصيص التقارير وغيرها من المعلومات لتلبية هذه الاحتياجات.
التبعات (O):	يتلقى الأشخاص المعنيون كمية معلومات ملائمة ومُثلى تمكنهم من اتخاذ الإجراء الصحيح أو صنع القرار السليم في الوقت المناسب.
الأعماق Depths	
Scope المجال	يجب أن تكون إدارة المعلومات بمثابة نظام على مستوى المؤسسة.
Factors العوامل	تشمل الهيكل التنظيمي، وتسلسل القيادة، وقنوات الاتصال، ووظائف مختلف الأقسام، وحاجة مختلف مستويات الموظفين إلى المعلومات. تشمل العوامل أيضا أدوار ومسئوليات العاملين، وأماكنهم، والعامل الزمني، والتكنولوجيا وتكلفتها، والسياسات والإجراءات المعمول بها، والضوابط المطلوبة (طالعوا «القيود») وكمية ونوعية المعلومات، إلخ.
Comparisons المقارنات	يجب أن تشمل المعلومات، حيثما كان ذلك ملائما، المقارنات ذات الصلة - مثل الأرقام الفعلية مقارنة بالخطط - المتعلقة بأداء الوحدات المعنية خلال فترات زمنية معينة.
Elements العناصر	(طالعوا «العوامل والمقارنات»)
Forms/Types الأشكال/الأنواع	تشير إدارة المعلومات بشكل محدد إلى نظام اليكتروني لإدارة المعلومات.
Characteristics الخصائص	(طالعوا «الجوانب» Aspects)
Assumptions الافتراضات	لا ينطبق

البدائل Alternatives	يمكن استخدام مختلف الوسائط لإرسال المعلومات المطلوبة إلى الأشخاص المعنيين - مثل البريد الاليكتروني، والنسخ الورقية، ودخول الأشخاص المعنيين مباشرة إلى مواقع محددة في قاعدة البيانات، إلخ.، وذلك يعتمد على طبيعة المعلومات وعوامل أخرى مثل المستوى الوظيفي للعاملين، أو الطبيعة الملحة للوضع، إلخ.
القيود Constraints	تشمل التكنولوجيا المستخدمة، والتكاليف، ومهارات الموظفين، والتشريعات، وطبيعة المعلومات، إلخ. تشير القيود أيضا إلى التدابير والضوابط التي يتعين فرضها لحماية المعلومات من إساءة استغلالها أو الاطلاع عليها بواسطة أشخاص غير مصرح لهم. تشمل هذه القيود: - يجب أن يتلقى الأشخاص المعنيون معلومات معينة تتعلق بمجال مسئوليتهم، ما لم تُعتبر هذه المعلومات ضرورية للجميع لتقوية قنوات الاتصال. - استخدام كلمات السر. - عدم اتاحة الاطلاع على المعلومات السرية أو التي يحميها القانون، مثل البيانات الشخصية، إلا بواسطة الأشخاص المصرح لهم فقط. - سياسات وإجراءات واضحة، مثل الجداول الزمنية للاحتفاظ بالسجلات، واللوائح المنظمة لاستخدام البريد الاليكتروني، والإجراءات التأديبية، إلخ.

لقد جمعتم الآن معلومات كافية لكي تنتقلوا إلى النقطة (3) من إجابتكم، وهي التوصيات. فيما يتعلق بتوفير المعلومات، ركزوا على الجانبين المكاني والزماني، والأشخاص المعنيين، والعوامل، والمقارنات. ركزوا على «القيود» فيما يختص بالتدابير والضوابط الضرورية لضمان حماية المعلومات واستخدامها بالشكل السليم. من ثم، ألقوا بعض الضوء على كيفية قيام هذه التدابير والضوابط بتقليص مشكلة فيض المعلومات.

السؤال 7

It is essential to know, in some detail, the purpose of a form before one proceeds to design it

(من الضروري أن يعرف المرء، بقدر من التفصيل، الغرض من الاستمارة قبل أن يشرع في تصميمها).

Indicate four important questions that need to be answered in order to define the form's purpose, and give reasons why they are important

(أشيروا إلى أربع أسئلة مهمة يتعين الإجابة عليها حتى يتسنى تحديد الغرض من الاستمارة، ثم وضحوا لماذا تُعتبر هذه الأسئلة مهمة.)

I.A.M

إدارة الأعمال Business Administration

ملاحظة: لقد اخترت هذا السؤال لكي أبين كيف يمكن للنطاق والأعماق، أن يساعدا بشكل كبير في استرجاع حتى المعلومات القديمة بواسطة الربط بين الجوانب والأعماق من جهة، وما نعرفة من جهة أخرى.

النهج: يلمح السؤال إلى أنه يتعين الإجابة على أسئلة معينة قبل تصميم الاستمارة، لكي يتسنى تحديد الغرض منها (الكلمة الرئيسية هنا هي «الغرض» من الاستمارة) يتعين عليكم:

1. تحديد هذه الأسئلة.
2. بينوا بقدر من التفصيل لماذا تُعتبر هذه الأسئلة هامة.
3. تذكروا أن هذا السؤال يطلب منكم أن تأتوا بأسئلة. بما أن النطاق يتطابق مع الأسئلة الستة الأساسية، دعونا نرى كيف يمكنه المساعدة، بجانب الأعماق، على تحديد أو تذكر هذه الأسئلة. يمكنكم توليد أسئلة على نحو مشابه للآتي:

الجانب	الوصف
Definition التعريف أو التحديد	استمارة
Spatial Aspect الجانب المكاني	أين ستُستخدم الاستمارة، في أي قسم أو إدارة؟ تحت أية ظروف سوف تتم تعبئة الاستمارة، هل في مكتب الاستقبال، أم في ظروف مريحة في المنزل؟ هل على الانترنت؟
Time Aspect الجانب الزمني	كم من الزمن يحتاج الشخص العادي لتعبئة الاستمارة؟
People Involved الأشخاص المعنيون	من هم المستخدمون المتوقعون للاستمارة؟ ما هي خلفيتهم المفترضة؟ ما الذي يجمع بينهم؟ من هم المسئولون عن الاستمارة في المؤسسة؟
Reasons/ Causes الأسباب/الأهداف	لأي غرض سوف تُستخدم الاستمارة (مثلا، لتقديم طلب لقرض، أو وظيفة)؟
The Way it Happens طريقة الحدوث	هل يجب توفير الاستمارة على شكل نسخة ورقية، أم تحميله على الانترنت، أم الاثنين معا؟
التبعات (O):	هل نحن بحاجة إلى استمارة يمكن للمستخدمين تعبئتها بسهولة، أم استمارة يتحتم أن تحتوي على معلومات تفصيلية (مثل استمارات الهجرة)؟
الأعماق Depths	
Scope المجال	ما هو مقدار التفاصيل المطلوبة في الاستمارة؟
Factors العوامل	ما هي العوامل التي يتعين أخذها بالاعتبار عند تصميم الاستمارة؟ (طالعوا الجوانب والعناصر الأخرى)
Comparisons المقارنات	إلى أي مدى يجب أن تكون الاستمارة مشابهة أو مختلفة عن الاستمارات الأخرى بالمؤسسة؟
Elements العناصر	ماهي الأجزاء والمحتويات المطلوبة في الاستمارة؟
Forms/Types الأشكال/الأنواع	مثلا، على الانترنت، أم نسخة ورقية.
Characteristics الخصائص	ماهي الخصائص المرغوبة أو المطلوبة في الاستمارة، من حيث التصميم والمحتويات والشكل وسهولة الاستخدام؟
Assumptions الافتراضات	ماهي الافتراضات التي يجب أن نضعها (على سبيل المثال، المستخدمون على مستوى معين من التعليم)؟
Alternatives البدائل	هل سيكون لمستخدمي الاستمارة خيار تعبئتها على الانترنت أم كنسخة ورقية؟
Constraints القيود	هل هناك أية قيود على المحتوى؟ هل هناك أي تشريع يحد من قدرتكم على طلب بيانات معينة؟

لقد تمكنتم عبر هذا التمرين من توليد الكثير من الأسئلة المتعلقة بالغرض من الاستمارة والاعتبارات الخاصة بتصميمها. ركزوا على أربع أسئلة تُعتبر هامة لتحديد الغرض من الاستمارة. لهذه الغاية، فإن الأسئلة التي تم توليدها تحت الجوانب والأعماق التالية تُعتبر من الناحية البديهية بعض الأسئلة ذات الصلة:

1. الأشخاص المعنيون
2. الأسباب/الأهداف
3. المقارنات
4. العناصر

الآن وضحوا لماذا تُعتبر هذه الأسئلة هامة لتحديد الغرض من الاستمارة. على سبيل المثال، ليس بإمكان المرء أن يصمم استمارة ما لم يعرف من الذي سيستخدمها، والغرض من استخدامها (مثلا، التقدم بطلب لقرض). علاوة على ذلك، فإن مقارنة الاستمارة مع الاستمارات الأخرى بالمؤسسة يمكن أن يلقي الضوء على الغرض من تصميم استمارة أخرى، كما أن الغرض يُملي العناصر أو المعلومات المطلوبة.

السؤال 8

Analyze the role and purpose of strategic decision making.

(حللوا دور عملية صنع القرار الاستراتيجي والغرض منه)

I.A.M

Managing Processes إدارة العمليات

ملاحظة: في مثل هذا النوع من الاسئلة، تكون فائدة نموذج الإدارة، والنطاق، والأعماق فائدة جمة.

النهج: هذا سؤال متعدد الأوجه، ويجب عليكم أن لا تنخدعوا بمظهره الذي يوحي بأنه سؤال مباشر. أحد الطرق الشاملة للإجابة عليه هي:

1. شرح معنى «صنع القرار»
2. توضيح عناصر صنع القرار (نموذج صنع القرار)
3. إلقاء الضوء على أنواع القرارات
4. إعطاء شرح أكثر تفصيلا لصنع القرار الاستراتيجي، وآلياته، ودوره، والغرض منه
5. الإشارة إلى أدوات صنع القرار وكيف يمكنها أن تساعد في هذه العملية

بالنسبة للنقاط 3,2,1، ولتجنب التكرار، راجعوا السؤال رقم 2 في هذا الملحق. بالنسبة للنقطة 4، دعونا نتصور نموذج الإدارة لكي نستحضر أين تقع القرارات الاستراتيجية ضمن النموذج. وفقا للنموذج، تتعلق القرارات الاستراتيجية بتحديد رؤية المؤسسة، وأهدافها، وسياستها، وأخلاقياتها، ومسئوليتها الاجتماعية، وخططها طويلة المدى. هذه الأمور تقود إلى قرارات تتعلق بالهيكل التنظيمي للمؤسسة وتغييره، والتوجه الاستراتيجي، والنمو، والمنتجات، والأسواق، إلخ. تُعتبر المقارنة المعيارية

(Benchmarking) وبحوث التسويق وتحليل سوات (SWOT Analysis)، على سبيل المثال، بعض آليات تلقي الملاحظات/التغذية الاسترجاعية (Feedback) التي تمكن الإدارة من صنع القرارات.

يطلب منكم السؤال أن «تحللوا» أي أن تستكشفوا مختلف جوانب الموضوع (الجدول 6.1 "Action Verbs"). لكي نحدد دور وغرض صنع القرار الاستراتيجي، دعونا تستكشف النطاق والأعماق المتعلقين به.

الجانب	الوصف
Definition التعريف أو التحديد	القرارات الاستراتيجية
Spatial Aspect الجانب المكاني	عوامل وتأثيرات داخلية وخارجية
Time Aspect الجانب الزمني	خطط وتبعات طويلة المدى
People Involved الأشخاص المعنيون	تتخذها الإدارة العليا بناءا على ملاحظات ومعلومات (Feedback) من مستويات أخرى ضمن المؤسسة
Reasons/ Causes الأسباب/الأهداف	لتحديد رؤية المؤسسة وغاياتها وأهدافها واتجاهها
The Way it Happens طريقة الحدوث	تستند القرارات إلى ملاحظات ومعلومات (Feedback) تتعلق بالأداء الداخلي والخارجي للمؤسسة. تُعتبر المقارنة المعيارية (Benchmarking) وبحوث التسويق (Market Research) وتحليل سوات (SWOT Analysis) بعض أنواع هذه الملاحظات والمعلومات التي توفر المعلومات الضرورية
التبعات (O):	إجراء تصحيحي أو تحول استراتيجي لمعالجة المشاكل أو التكيف مع ظروف متغيرة
الأعماق Depths	
Scope المجال	يتعلق بتوجه المؤسسة ككل
Factors العوامل	تشمل الأسواق، المنافسة، أوجه الضعف والقوة، والفرص والمهددات، إلخ.
المقارنات	(طالعوا المقارنة المعيارية)
العناصر	(طالعوا «Factors العوامل»)
Forms/Types الأشكال/الأنواع	(طالعوا الاستراتيجية)
Characteristics الخصائص	(طالعوا «Aspects الجوانب»)
Assumptions الافتراضات	نظرا لتبعاتها طويلة المدى، فإن مثل هذه القرارات نادرا ما تستند إلى افتراضات، بل تستند إلى بيانات حقيقية، وبحوث مكثفة، وتوقعات تولدها أدوات قوية مثل بحوث العمليات (Operational Research (O.R على سبيل المثال
Alternatives البدائل	يُعتبر تحليل إجراءات العمل البديلة جزءا لا يتجزأ من عملية صنع القرار
Constraints القيود	هذا عامل مهم، خاصة عند تحليل إجراءات العمل البديلة. المنافسة الحادة، على سبيل المثال، قد تعيق خطط النمو، كما أن توفر الموارد المالية يؤثر على القرارات المتعلقة بالتوسع، والنمو، إلخ.

لقد جمعتم الآن الكثير من النقاط عن دور وغرض صنع القرار الاستراتيجي. بوسعكم الآن التوسع في هذه النقاط لتقديم التحليل المطلوب. من ثم، أشيروا بشكل موجز إلى الأدوات التي تساعد على صنع القرار، مثل بحوث العمليات وشجرة اتخاذ القرار.

المراجع

- **Baguley,** *Phil. Effective Communication for Modern Business.* **McGraw-Hill, 1994.**

- **Cole, G. A.** *Management Theory and Practice,* **6th ed. London: Thomson, 2004.**

- **Goleman, Daniel.** *Emotional Intelligence.* **New York: Bantam Dell, 2005.**

- **Krone, Kathleen J., et al.** *Handbook of Organizational Communication: An Interdisciplinary Depth.* **SAGE Publications, 1987.**

- **Kumar, Pradeep. Elements of Marketing Management. India: Nedar Nath Ram Nath & Co., 1990.**

- **Lorayne, Harry and Jerry Lucas.** *The Memory Book.* **Ballantine Books, 1996.**

- **McLean, Bernadette and Rosie Wood.** *TARGET Reading Accuracy.* **Barrington Stoke Ltd. (Copyright Helen Arkell Dyslexia Center), 2004.**

- *Merriam-Webster's Collegiate Dictionary,* **11th ed. Merriam-Webster Incorporated, 2003.**

- **Murphy, Herta A. and Charles E. Peck.** *Effective Business Communication,* **Grolier Edition. McGraw-Hill, 1987.**

شكر وتقدير

المؤلف ممتن لمعهد الشئون الإدارية[2] ببريطانيا لموافقتهم على استخدام اسئلة الامتحانات السابقة، ولمركز هيلين آركيل لموافقتهم على استخدام قائمة ماكنيلي بالكلمات عالية الاستخدام. كما أنه ممتن لكل من الدكتور محمد المبارك، الاستاذ الجامعي وخبير التدريب، للمقترحات القيمة التي أثرى بها النسخة الإنجليزية الموسعة من هذا العمل ومصمم الجرافيك معتصم عبدالوهاب الذي شارك في الاخراج الفني لهذا الكتاب.

---

2 The Institute of Administrative Management, Coppice House, Halesfield 7, Telford, United Kingdom, TF7 4NA.
Tel. +44 (0) 1952 797 396 www.instam.org.

نبذة عن المؤلف

تنقل المؤلف عبر أربع قارات من أجل العمل والتعليم والهجرة في رحلة امتدت لما يقارب أربعة عقود اكتسب خلالها طائفة عريضة من الخبرات والتجارب والمؤهلات الأكاديمية والاحترافية.

حاصل على درجتي البكالريوس والماجستير في إدارة الأعمال من جامعة سان جوان، بالإضافة الى زمالة معهد الشئون الإدارية ببريطانيا الذي منحه اللقب الاحترافي «مدير إداري معتمد» منذ عام 1985، علاوة على الدبلوم المعتمد في المحاسبة والمالية من جمعية المحاسبين القانونيين ببريطانيا.

عمل في قطاع البترول لأكثر من عقدين من الزمان ترأس خلالها العديد من اللجان وفرق العمل وأشرف على عمليات تتعلق بإعادة هندسة الإجراءات وتنظيم الإدارات. اكتسب خبرة مكثفة في مختلف مجالات الإدارة والتدريب والدراسات والاتصال. خبرته في مجال الاتصال تشمل كتابة التقارير وتصميم النماذج والاستمارات وتوحيد المراسلات والتقارير باللغتين العربية والانجليزية. علاوة على ذلك، عمل في الولايات المتحدة كمترجم تحريري وشفهي لدى جهات بارزة ومديرا لأحد البرامج الكبرى لتعليم اللغات، كما نفّذ أحد البرامج الكبرى لتعريب التكنولوجيا. وهو يعكف حاليا على كتابه الثاني.

الملحق أ:

قالب الكتابة باللغتين

يرجى نسخه وتكبيره

التعريف /التحديد (Definition):.. ....
الجانب المكاني (Spatial Aspect): ....
الجانب الزمني (Time Aspect): ....
الأشخاص المعنيون (People Involved): ....
الأسباب/المسببات (Reasons/Causes): ....
طريقة الحدوث (How it happens): ....
النتائج/التبعات (Outcoms"O): ....

الأعماق:

المجال (Scope):
العوامل (Factors):
المقارنات (Comparisons):
العناصر (Elements):
الأشكال /الأنواع (Forms/Types):
الخصائص (Characteristics):
الافتراضات (Assumptions)
البدائل (Alternatives):
القيود (Constraints):

الكلمات الرئيسية:

Added Value القيمة المضافة	Customer, focus on التركيز على الزبون	النوعية Quality/Qualitative
البدائل Alternatives	دورات الحياة Cycles	الكمية Quantity/Quantitative
الافتراضات Assumptions	الكفاءة Efficiency	المخاطر Risks
Benchmarking المقارنة المعيارية	العناصر Elements of	Roles/Respnsibilities الأدوار/المسئوليات
Change Management / Leadership إدارة التغيير/القيادة	العوامل Factors	السلامة والصحة Safety & Health
الخصائص Characteristics	الأشكال/الأنواع Forms /Types of	المجال Scope
المقارنات Comparisons	Legislation/Rules التشريعات النظم	Short Term vs. Long Term المدى القصير/المدى الطويل
المنافسة Competition	Macro vs. Micro Level المستوى الكلي أم الجزئي	المصادر Sources
القيود Constraints	Market Share, Growth, Segments الحصة السوقية، النمو، القطاعات	السرعة Speed
السيطرة/الضوابط Control	المزيج التسويقي Marketing Mix	أصحاب المصلحة Stakeholders
Cost - Benefit Analysis تحليل منفعة التكاليف	الأداء Performance	SWOT تحليل مواطن القوة ومواطن الضعف والفرص والتهديدات
Creative Thinking التفكير الابداعي	Productivity الإنتاجية	Technology التكنولوجيا
Total Quality Management إدارة الجودة الشاملة		